레전드 프리미엄 중학 보카

레전드
프리미엄 중학 보카

초판 1쇄 발행 2018년 4월 20일
초판 1쇄 인쇄 2018년 4월 10일

저자	Terry E. Kim, Andrew Kim
일러스트	Uncle Tom
표지디자인	IndigoBlue
성우	John Michaels

발행인	조경아
발행처	**랭**귀지**북**스
주소	서울시 마포구 포은로2나길 31 벨라비스타 208호
전화	02.406.0047
팩스	02.406.0042
홈페이지	www.languagebooks.co.kr
이메일	languagebooks@hanmail.net
등록번호	101-90-85278 **등록일자** 2008년 7월 10일

ISBN	979-11-5635-079-8 (13740)
값	12,000원

ⓒLanguageBooks, 2018

「이 도서의 국립중앙도서관 출판예정도서목록(CIP)은 서지정보유통지원시스템 홈페이지(http://seoji.nl.go.kr)와
국가자료공동목록시스템(http://www.nl.go.kr/kolisnet)에서 이용하실 수 있습니다.(CIP제어번호: CIP2018008987)」

레전드
프리미엄
중학보카

< Premium English-Korean Vocabulary >

Language Books

머리말

탄탄한 실력을 위한 영어 어휘 1,700!

점점 어려워지는 영어 시험,
<레전드 프리미엄 중학 보카>로 확실하게 준비하세요!

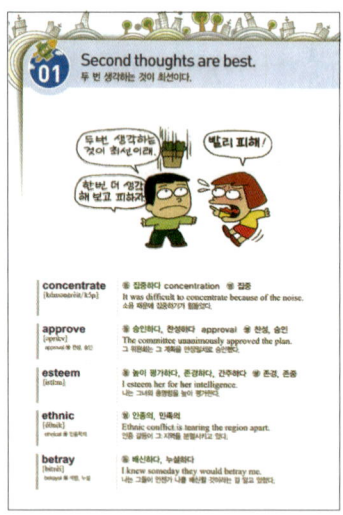

1. 하루 30분 보카!

〈레전드 프리미엄 중학 보카〉를
등·하교 시간 30분 동안 보고 들으며,
영어 어휘를 튼튼히 다져 나갑니다.
억지로 외우지 말고, 매일매일 30단어를
눈으로 익히고 귀로 들으며 꾸준히 반복합니다.
그러다 보면 약 1,700 영어 어휘가 내 것이 됩니다.

2. 영어 시험 완벽 대비!

시험 범위가 정해지고 문제를 많이 풀어도,
준비하기 힘든 과목이 영어입니다.
하지만 어휘만 단단하게 잘 다져 놓아도,
영어만큼 점수를 얻기 쉬운 과목도 없습니다.
그래서 수험생들의 어휘 기본기를 완벽하게 대비할
프리미엄 시험 어휘를 엄선해 담았습니다.

3. 예문 & 영어 속담!

단어마다 있는 예문을 통해 그 쓰임을 확인하고,
타이틀로 있는 속담 한 문장을 매일매일 익힙니다.
일상 회화뿐만 아니라 학습에도 유용한 속담 표현을
재미있는 삽화와 함께 쉽고 재미있게 공부하다 보면,
프리미엄 영어를 구사하는 나 자신을 발견하게 될 것입니다.

Free **MP3** Download
blog.naver.com/languagebook

Second thoughts are best.
두 번 생각하는 것이 최선이다.

---

concentrate
[kánsəntrèit/kón]

동 집중하다 concentration 명 집중
It was difficult to concentrate because of the noise.
소음 때문에 집중하기가 힘들었다.

---

approve
[əprúːv]
approval 명 찬성, 승인

동 승인하다, 찬성하다 approval 명 찬성, 승인
The committee unanimously approved the plan.
그 위원회는 그 계획을 만장일치로 승인했다.

---

esteem
[istíːm]

동 높이 평가하다, 존경하다, 간주하다 명 존경, 존중
I esteem her for her intelligence.
나는 그녀의 총명함을 높이 평가한다.

---

ethnic
[éθnik]
ethnical 형 인종학의

형 인종의, 민족의
Ethnic conflict is tearing the region apart.
인종 갈등이 그 지역을 분열시키고 있다.

---

betray
[bitrèi]
betrayal 명 배반, 누설

동 배신하다, 누설하다
I knew someday they would betray me.
나는 그들이 언젠가 나를 배신할 것이라는 걸 알고 있었다.

declare
[diklέər]
declaration 몡 선언, 공표, (세관에의) 신고

동 선언하다, (세관에서) 신고하다, 단언하다
Do you have anything special to declare?
당신은 특별히 신고하실 것이 있습니까?

split
[split]

동 쪼개다, 분열하다
They split into several factions.
그들은 여러 당파로 분열되었다.

drift
[drift]

동 떠돌다, 표류하다   몡 표류, 흐름, 추세
They drifted from place to place.
그들은 정처 없이 떠돌아다녔다.

accumulate
[əkjùːmjəlèit]
accumulation 몡 축적, 모인재산

동 축적하다, 모으다
He accumulated a large amount of fortune.
그는 많은 양의 재산을 축적했다.

explode
[iksplóud]
explosion 몡 폭발
explosive 몡 폭발성의

동 폭발하다, 파열하다
The bomb exploded at a busy railway junction.
그 폭탄은 바쁜 기차 환승역에서 폭발했다.

despair
[dispέər]
desperate 몡 절망적인
desperation 몡 절망

동 절망하다   몡 절망
Her death drove him into despair.
그녀의 죽음은 그를 절망에 빠지게 했다.

attribute
[ətríbjuːt]

동 ~탓으로 돌리다   몡 속성, 특성
I attributed my success to the good luck.
나는 나의 성공을 행운의 탓으로 돌렸다.

squeeze
[skwiːz]

동 짜[내]다, 비집고 들어가다
He squeezed toothpaste out of a tube.
그는 튜브에서 치약을 짜냈다.

fade
[feid]

동 (색이)바래다, 희미해지다, 시들다
Stars faded out from the sky.
하늘의 별이 서서히 희미해졌다.

decay
[dikèi]

몡 부패, 붕괴, 쇠퇴   동 썩다, 썩게 하다, 쇠퇴하다
In summer fruits tend to decay.
과일은 여름에 부패하기 쉽다.

steep
[stiːp]

(형) 가파른, 경사가 급한
The stone rolled on since it was a steep path.
가파른 길이었기 때문에 돌이 계속 굴렀다.

anonymous
[ənάniməs]
anonymity (명) 익명, 무명
anonymously (부) 익명으로

(형) 익명의, 작자 불명의
Authorities were alerted by an anonymous tip.
당국은 익명의 제보를 받고 긴장했다.

primary
[práimeri]

(형) 제일의, 주요한, 초기의, 초등의
Health is the primary requisite to success in life.
건강은 성공의 제일 필요요건이다.

manifest
[mǽnəfèst]

(형) 명백한, 분명한 (동) 명백히 하다, (감정을) 드러내다
It is a manifest truth that the earth moves around the sun.
지구가 태양주위를 도는 것은 명백한 사실이다.

shallow
[ʃǽlou]

(형) 얕은, 천박한 (동) 얕게 하다
Silence is deep as eternity, speech is shallow as time.
침묵은 영원처럼 깊고, 웅변은 시간과 같이 얕다.

approximate
[əprάksəmèit]
approximation (명) 비슷한 것[일]
approximately (부) 대략적으로

(형) 대략의, 근접한, 비슷한
What is the approximate size of this room?
이 방의 대략적인 크기는 얼마인가요?

disclose
[disklóuz]

(동) 드러내다, 폭로하다, 공개하다
A review of the facts disclosed his error.
사실의 재조사 결과 그의 잘못이 드러났다.

testify
[téstəfài]
testimony (명) 증언, 증거

(동) 증언하다, 증명하다
The witness testified against her.
그 증인은 그녀에게 불리한 증언을 했다.

phenomenon
[finάmənὰn]
phenomenal (형) 놀라운, 경이적인

(명) 현상
Earthquake is a natural phenomenon.
지진은 자연 현상의 하나이다.

adhere
[ædhír]
adherence (명) 집착, 고수
adherent (형) 들러붙는, 고수하는

(동) 들러붙다, 집착하다, 고수하다
Two stamps adhered to the envelope.
두 개의 우표가 봉투에 붙었다.

terminate
[tə́:rmənéit]
termination 몡 종료, 결론

몡 **끝내다, 종결하다** 몥유한한
Their efforts terminated in success.
그들의 노력은 성공으로 끝났다.

corrupt
[kərʌ́pt]
corruption 몡 타락, 부패

몥 **타락한, 부패한**
The corrupted politicians were sent into exile.
부패한 정치인들은 추방당했다.

author
[ɔ́:θər]

몡 **저자, 작가**
The reader's interpretation may differ from the author's.
독자의 해석은 저자와 다를 수 있다.

interrupt
[ìntərʌ́pt]
interruption 몡 중단, 방해

몡 **방해하다, 중단하다, 가로막다**
The traffic was interrupted by the flood.
홍수 때문에 교통이 중단되었다.

popular
[pápjələr/pɔ́p-]
popularity 몡 인기

몥 **인기 있는, 대중적인, 평판이 좋은**
Whose novel is the most popular these days?
요즘 누구의 소설이 가장 인기가 있나요?

■ **account**

1.계산(서) 2.계좌 3.이유 4. 설명(하다)

1. The account doesn't balance.
   그 계산은 맞지 않는다.

2. I opened an account at the bank.
   나는 그 은행에 계좌를 개설했다.

3. On this account I won't go.
   이런 이유로 나는 가지 않겠다.

4. She gave a detailed account of the incident.
   그녀는 그 사건에 대해 자세한 설명을 했다.

An eye for an eye and a tooth for a tooth.
눈에는 눈, 이에는 이.

medium
[míːdiəm]

명 중간, 매체, 매개 형 중간의, 보통의
I'm of medium height and weight.
나는 보통 키에 보통 몸무게이다.

adversity
[ædvəːrsəti]
adverse 형 반대의, 불리한

명 역경
He has been a good friend to me in adversity or in
prosperity. 그는 역경에서나 번영에서나 나의 좋은 친구였다.

scream
[skriːm]

명 비명, 절규 동 소리치다, 비명을 지르다
The girl screamed herself red in the face.
소녀는 얼굴이 빨갛게 달아오르도록 소리쳤다.

drown
[draun]

동 익사하다, 물에 빠지다
She was afraid lest he might drown.
그녀는 그가 익사할까 봐 두려웠다.

clumsy
[klʌ́mzi]

형 서투른, 어색한
He is such a clumsy idiot that he always messes things
up. 그는 너무나 서투른 사람이어서 매사를 망친다.

maxim
[mǽksim]

ⓜ 격언, 좌우명, 금언
My maxim is to obey orders.
내 좌우명은 명령에 복종하는 것이다.

household
[háushòuld/-hòuld]

ⓜ 가족, 세대 ⓗ 가족의
The whole household were at home that morning.
그 날 아침에 온 가족이 집에 있었다.

territory
[térətɔ̀:ri/-təri]
territorial ⓗ 영토의

ⓜ 영역, 영토, 지역
The males establish their breeding territory.
수컷들은 자기만의 번식 영역을 구축한다.

goods
[ɡudz]

ⓜ 상품, 물건, 물품
She is pushing unwanted goods on me.
그녀는 나에게 원하지 않은 상품을 강요하고 있다.

normal
[nɔ́:rməl]

ⓗ 정상적인, 보통의, 표준적인
Everything seemed to be normal.
모든 것은 정상인 것처럼 보였다.

abundant
[əbʌ́ndənt]
abound ⓥ 풍부하다
abundance ⓜ 풍요함
abundantly ⓦ 풍부하게

ⓗ 풍족한, 많은, 풍부한
People were abundant under the authority of a sage king. 사람들은 훌륭한 왕의 지배 아래 풍족했다.

fragile
[frǽdʒəl/-dʒail]

ⓗ 깨지기 쉬운, 연약한
The contents are fragile, so please mark it "fragile".
내용물은 깨지기 쉬운 것이니 "fragile" 이라고 써 주세요.

compact
[kəmpǽkt, kámpækt]

ⓗ 밀집한, 소형의, (집, 자동차 따위가) 아담한
The space was in a compact mass with restaurants.
그 공간은 식당으로 밀집해 있었다.

inferior
[infíəriər]

ⓗ (품질, 정도 등이) 열등한, 하위의, 하급의
She makes me feel inferior.
그녀는 나로 하여금 열등감을 느끼게 한다.

faculty
[fǽkəlti]

ⓜ 능력, 재능, 수완
He has a great faculty for writing.
그는 작문에 대단한 재능이 있다.

counsel
[káunsəl]
counseling 몡 카운슬링, 상담

몡 상담, 조언 똥 상담[조언]하다
Listen to the counsel of your elders.
연장자들의 조언에 귀를 기울여라.

profound
[prəfáund]
profoundly ㉑ 깊이, 심오하게

휑 깊은, 의미심장한
Her face registered profound mental anguish.
그녀의 얼굴에는 깊은 정신적 고뇌가 나타나 있었다.

punctual
[pʌ́ŋktʃuəl]
punctuality 몡 시간[기간]엄수

휑 시간[기일]을 지키는[엄수하는]
You really need to be more punctual.
당신은 시간을 좀 더 엄수해야겠어요.

vivid
[vívid]
vividly ㉑ 생생하게, 선명하게

휑 생생한, 선명한
She gave me a vivid description of the event.
그녀는 나에게 그 사건의 생생한 묘사를 해주었다.

extinguish
[ikstíŋgwiʃ]
extinguisher 몡 불을 끄는 사람
[물건], 소화기

똥 (불을)끄다, 소멸시키다
They tried to extinguish the flames.
그들은 불길을 끌려고 애를 썼다.

bush
[buʃ]

몡 수풀, 덤불
I scratched my hand on a bush.
나는 덤불에 내 손을 할퀴었다.

myth
[miθ]

몡 신화
Most societies have their own creation myths.
대부분의 사회는 그들 나름의 창조 신화가 있다.

entitle
[entáitl]
title 몡 제목, 권리[자격], 직함

똥 자격을[권리를]주다, 제목을 붙이다
If you fail three times, you are not entitled to try any
more. 만약 당신이 세 번 실패를 하면 더 이상 시도해 볼 자격이 없다.

shy
[ʃai]

휑 수줍어하는
She seems rather shy on the surface.
그의 그녀는 겉보기에 다소 수줍어하는 것 같다.

dull
[dʌl]

휑 무딘, 둔한, 지루한
He has a dull sense of humor.
그는 유머 감각이 둔하다.

vital
[váitl]

⟨형⟩ **매우 중요한**, 생명의, 생생한
Air and water are vital to man.
공기와 물은 사람에게 매우 중요하다.

deceive
[disí:v]
deceit ⟨명⟩ 속임수, 기만

⟨동⟩ **속이다**, 기만하다
She deceived me with sweet words.
그녀는 달콤한 말로 나를 속였다.

barren
[bǽrən]

⟨형⟩ **불모의**, 메마른
A sandy desert is barren.
모래사막은 불모지이다.

assist
[əsíst]
assistant ⟨명⟩ 조수, 보조자
assistance ⟨명⟩ 도움, 원조

⟨동⟩ **돕다**, 원조하다
I'm ready to assist her anytime.
나는 언제든 그녀를 도울 준비가 되어있다.

community
[kəmjú:nəti]

⟨명⟩ **공동체**, 지역사회
There's not much community spirit round here.
여기에서는 공동체 의식을 찾기 어렵다.

다의어

■ act

1.행동 2.행동하다 3.연기하다 4.(약 등이) 듣다

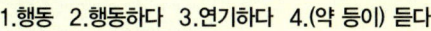

1. His act caused my anger.
   그의 행동이 나를 화나게 했다.

2. Animals act on instinct.
   동물은 본능에 따라서 행동한다.

3. She acted part in a play of Romeo and Juliet.
   그녀는 로미오와 줄리엣의 연극에서 연기했다.

4. This medicine acts well.
   이 약은 잘 듣는다.

01 Review Test

A. 아래 단어의 뜻을 쓰시오.

1. concentrate _____
2. approve _____
3. esteem _____
4. ethnic _____
5. betray _____
6. declare _____
7. split _____
8. drift · _____
9. accumulate _____
10. explode _____
11. despair _____
12. attribute _____
13. squeeze _____
14. fade _____
15. decay _____
16. steep _____
17. anonymous _____
18. primary _____
19. manifest _____
20. shallow _____
21. approximate _____
22. disclose _____
23. testify _____
24. phenomenon _____
25. adhere _____
26. terminate _____
27. corrupt _____
28. author _____
29. interrupt _____
30. popular _____
31. medium _____
32. adversity _____
33. scream _____
34. drown _____
35. clumsy _____
36. maxim _____
37. household _____
38. territory _____
39. goods _____
40. normal _____
41. abundant _____
42. fragile _____
43. compact _____
44. inferior _____
45. faculty _____
46. counsel _____
47. profound _____
48. punctual _____
49. vivid _____
50. extinguish _____

51. bush	_____	**52.** myth	_____
53. entitle	_____	**54.** shy	_____
55. dull	_____	**56.** vital	_____
57. deceive	_____	**58.** barren	_____
59. assist	_____	**60.** community	_____

B. 빈칸에 알맞은 단어를 넣으시오.

1. The committee unanimously _____ the plan.
그 위원회는 그 계획을 만장일치로 승인했다.

2. Do you have anything special to _____ ?
당신은 특별히 신고하실 것이 있습니까?

3. He _____ a large amount of fortune.
그는 많은 양의 재산을 축적했다.

4. I _____ my success to the good luck.
나는 나의 성공을 행운의 탓으로 돌렸다.

5. Health is the _____ requisite to success in life.
건강은 성공의 제일 필요요건이다.

6. Two stamps _____ to the envelope.
두 개의 우표가 봉투에 붙었다.

7. The traffic was _____ by the flood.
홍수 때문에 교통이 중단되었다.

8. Everything seemed to be _____ .
모든 것은 정상인 것처럼 보였다.

9. The space was in a _____ mass with restaurants.
그 공간은 식당으로 밀집해 있었다.

10. She gave me a _____ description of the event.
그녀는 나에게 그 사건의 생생한 묘사를 해주었다.

11. If you fail three times, you are not _____ to try any more.
만약 당신이 세 번 실패를 하면 더 이상 시도해 볼 자격이 없다.

■ A·B : 본문참조

Truth needs not many words.
진실은 많은 말이 필요 하지 않다.

---

plumber
[plʌ́mər]

명 배관공
She called in the plumber to mend the burst pipe.
그녀는 터진 도관을 고치기 위해 배관공을 불렀다.

---

breed
[briːd]

동 사육하다, (동물이 새끼를) 낳다   명 품종, 종류
We breeds cattle for the market.
우리는 시장에 내다 팔 소를 사육한다.

---

voyage
[vɔ́iidʒ]

명 항해, 여행, 여정
Life is often compared to a voyage.
인생은 종종 항해에 비유된다.

---

ornament
[ɔ́ːrnəmənt]
ornamentation 명 장식물
ornamental 형 장식의

명 장식   동 장식하다
The bookshelf is no more than a mere ornament.
그 책 선반은 단순한 장식에 불과하다.

---

purpose
[pə́ːrpəs]

명 목적, 의도
What's the purpose of this discrimination?
이런 구별을 하는 목적이 무엇이죠?

chaos
[kéias/-ɔs]

명 혼돈, 무질서
The political situation of the country is in chaos.
그 나라의 정국은 혼돈 상태에 있다.

barter
[báːrtər]

동 물물교환하다, 교역하다   명 물물교환
They bartered with Indians for rice.
그들은 쌀을 얻기 위해서 인디언과 물물교환을 했다.

migrate
[máigreit]
migration 명 이주
migrator 명 이주자

동 이주하다, (새·물고기 등이) 이동하다
Every spring they migrate towards the coast.
매년 봄에 그들은 해안 쪽으로 이주한다.

thrive
[θraiv]
thriving 형 번영하는

동 번창[번영]하다, 잘 자라다, 성공하다
Plants will not thrive without sunshine.
햇빛이 없으면 식물은 잘 자라지 않을 것이다.

sidewalk
[sáidwɔ̀ːk]

명 인도, 보도
The sidewalks is icy and dangerous to walk on.
그 인도는 얼어서 걷기에 위험하다.

formidable
[fɔ́ːrmidəbəl]

형 무서운, 겁나는
He had earned the reputation of being a formidable
opponent. 그는 무서운 적수라는 평판을 얻었다.

conspiracy
[kənspírəsi]
conspire 동 음모를 꾸미다
conspirator 명 공모자, 음모자

명 음모, 모의
The three men are accused of conspiracy.
그 세 사람은 음모 혐의로 기소됐다.

add
[æd]
addition 명 추가, 더하기
additional 형 부가된, 추가의

동 더하다
The flowers add to the beauty of the garden.
그 꽃들이 그 정원의 아름다움을 더한다.

nightmare
[náitmɛ̀ər]

명 악몽
Every night she is oppressed by a nightmare.
그녀는 밤마다 악몽에 시달린다.

sincere
[sinsíər]
sincerity 명 성실, 정직
sincerely 부 성실하게

형 성실한, 진실한
To do him justice, he is a sincere man.
그를 공평하게 평하면, 그는 성실한 사람이다.

delicious
[dilíʃəs]

(형) 맛있는, 상쾌한
Appetizing food always smells delicious.
식욕을 돋우는 음식은 언제나 맛있는 냄새가 난다.

traitor
[tréitər]

(명) 배신자, 반역자
They condemned him as traitor.
그들은 그를 배신자라고 비난했다.

monopoly
[mənápəli / -nɔ́p-]
monopolize (동) 독점하다

(명) 독점(권), 전매(권), 독점회사(사업)
Cigarette production is still a state monopoly in this country. 이 나라에서의 담배 생산은 여전히 국가가 독점한다.

exquisite
[ikskwízit, ékskwi-]

(형) 정교한, 우아한
The jewellery shows exquisite craftsmanship.
그 보석은 장인의 정교한 솜씨를 보여준다.

capture
[kǽptʃər]

(동) 붙잡다, 생포하다, 획득하다 (명) 포획, 생포
Government troops have captured the rebel leader.
정부군은 반군 지도자를 붙잡았다.

scanty
[skǽnti]

(형) 불충분한, 근소한
The scanty rainfall is causing water shortages.
불충분한 강우량이 물 부족을 야기하고 있다.

legend
[lédʒənd]
legendary (형) 전설적인

(명) 전설
She is writing a thesis on Egyptian legend.
그녀는 이집트의 전설에 관한 논문을 쓰고 있다.

addict
[ədíkt]
addiction (명) 중독
addictive (형) 중독성의

(동) 중독 시키다, 빠지게 하다
Advertise makes her shopping addicts.
광고는 그녀를 쇼핑 중독에 빠지게 한다.

situation
[sìtʃuéiʃən]
situated (형) 위치하고 있는

(명) 상황, 위치, 상태
The situation developed rapidly.
상황은 급속히 진전됐다.

merchandise
[mə́ːrtʃəndàiz]

(명) 상품
The mart sells merchandise at competitive prices.
그 가게는 경쟁력 있는 가격으로 상품을 판다.

threat
[θret]
threaten [동] 위협[협박]하다

[명] 위협, 협박
It will be a threat to our security.
그것은 우리들의 안전을 위협하게 될 것이다.

superstition
[sùːpərstíʃən]
superstitious [형] 미신적인

[명] 미신
Knowledge is the best remedy for superstition.
지식은 미신에 대한 최고의 치료제이다.

basis
[béisis]
basic [형] 기초의, 기본의
basically [부] 기본적으로

[명] 기초, 근거, 기준, 원칙
Carbon compounds are the basis of all living matter.
탄소 화합물이 모든 생물의 기초를 이룬다.

implore
[implɔ́ːr]

[동] 애원하다, 간청하다
She implored him not to go.
그 여자는 그에게 가지 말라고 애원했다.

mention
[ménʃən]

[명] 언급, 진술 [동] 언급하다
She slid over the problem without mentioning it.
그녀는 그것에 대해서 언급하지 않은 채 그 문제를 회피했다.

다의어

■ address

1.주소 2.주소를 쓰다 3.연설하다 4. 말하다

1. This is my address.
   이것은 내 주소이다.
2. I wrote my address on the top of the page.
   나는 페이지 윗부분에 내 주소를 썼다.
3. The President will now address the meeting.
   그 대통령은 그 회의에서 지금 연설할 것이다.
4. The attorney turned to address the jury.
   변호사는 배심원에 말을 하기 위해 몸을 돌렸다.

Give the disease and offer the remedy.

병 주고 약 준다.

---

stature
[stǽtʃər]

몡 키, 신장
She is somewhat sensitive of her short stature.
그녀는 그녀의 작은 키에 다소 민감한 편이다.

---

organ
[ɔ́ːrgən]

몡 (생물의) 기관(器官), 오르간
A stomach is a digestive organ.
위는 소화 기관이다.

---

primitive
[prímətiv]

혱 원시의, 원시적인, 미개의 몡 원시인
Primitive people believed that evil spirits made diseases.
원시시대 사람들은 악한 영혼들이 질병을 일으킨다고 믿었다.

---

dissolve
[dizálv / -zɔ́lv]

동 녹(이)다, 용해시키다(하다)
Dissolve two spoons of powder in warm water.
가루 두 스푼을 따뜻한 물에 용해시키시오.

---

sightseeing
[sáitsìːiŋ]

몡 관광
There are many places go sightseeing in this city.
이 도시는 관광할 곳이 많다.

acquire
[əkwáiər]
acquirement [명] 취득, 습득

[동] 얻다, 습득하다, 취득하다
He acquired a good reputation.
그는 명성을 얻었다.

claim
[kleim]

[동] 요구하다, 주장하다 [명] 요구, 주장
Both of us lay claim to the property.
우리 둘 다 그 재산에 대한 권리를 주장했다.

wet
[wet]

[형] 젖은, 축축한
I was wet and cold through and through.
나는 온몸이 흠뻑 젖어 차가워져 있었다.

weird
[wiərd]

[형] 수상한, 기묘한, 불가사의한
There was something weird about the incident.
그 사건에는 뭔가 수상한 것이 있었다.

resemble
[rizémbəl]

[동] ~를 닮다
He really resembles his mother.
그는 정말로 어머니를 많이 닮았다.

adventure
[ædvéntʃər, əd-]
adventurous [형] 모험을 좋아하는

[명] 모험
Children like "The Adventures of Tom Sawyer."
아이들은 "톰 소여의 모험"을 좋아한다.

slope
[sloup]

[명] 경사면, 비탈
We couldn't see the top of that long slope.
우리는 그 긴 경사면의 끝을 볼 수 없었다.

opportunity
[àpərtjúːnəti / ɔ̀pər-]

[명] 기회, 호기
This is the last opportunity for me to go abroad.
이것이 내가 외국에 갈 수 있는 마지막 기회이다.

crumble
[krʌ́mbl]

[동] 부서지다, 무너지다, 구기다
The temples crumbled into ruin.
신전은 무너져서 폐허가 되었다.

damage
[dǽmidʒ]

[명] 손해, 손상 [동] ~에게 손해를 입히다
I will pay for the damage out of my savings.
나는 내가 저축 한 돈에서 손해를 배상할 것이다.

ashamed
[əʃéimd]

ᄒ 부끄러워하는, 수줍어하여
He was ashamed to admit that he had failed.
그는 자기가 실패했다는 것을 인정하는 것이 부끄러웠다.

scratch
[skrætʃ]

동 긁다, 할퀴다
He scratched his back because it was itching.
그는 등이 가려워서 긁었다.

interpret
[intə́ːrprit]

동 해석하다, 통역하다
He interpreted difficult parts of the book.
그는 그 책의 어려운 부분들을 해석했다.

dispense
[dispéns]

동 분배하다, 나누어 주다
We dispensed food and clothing to the poor.
우리는 가난한 사람들에게 식량과 의복을 나누어 주었다.

outcome
[áutkʌm]

명 결과, 성과
Their opinions are reflected in the outcome.
그들의 의견은 결과에 반영되었다.

mixture
[míkstʃər]
mix 동 (둘 이상의 것을)섞다,
혼합하다

명 혼합(물)
Water is a mixture of hydrogen and oxygen.
물은 수소와 산소의 혼합물이다.

classical
[klǽsikəl]

ᄒ (문학, 예술에서) 고전적인
Would you like to hear classical music or contemporary music? 당신은 고전 음악을 좋아하세요, 아니면 현대 음악을 좋아하세요?

possess
[pəzés]
possession 명 소유, 점유

동 소유하다, (자격·능력을) 지니다
He possessed an extensive farmland.
그는 광대한 농지를 소유했다.

epoch
[épək / íːpɔk]

명 신기원, 신시대
Einstein's theories marked a new epoch in mathematics.
아인슈타인의 이론은 수학에서 신기원을 이룩했다.

staff
[stæf, staːf]

명 직원, 막대기
We need more staff in the office.
우리는 사무실에 직원이 더 필요하다.

vapor
[véipər]
vaporize [동] 증발키다, 증발하다

[명] 증기, 김 [동] 증발하다
The water turns into vapor.
물은 증기로 바뀐다.

attain
[ətéin]
attainment [명] 달성, 도달

[동] 달성하다, 이루다
For all my efforts , I couldn't attain my life goal.
내 노력에도 불구하고 나는 인생의 목표를 이룰 수 없었다.

mineral
[mínərəl]

[명] 광물, 무기물, 광석 [형] 광물성의
This district is poor in mineral products.
이 지방은 광물성 상품이 부족하다.

supplement
[sʌ́plmənt]

[동] 보충하다, 추가하다 [명] 부록, 보충, 추가
Reader comments will be published in a later supplement. 독자 평은 차후 부록에 실릴 것이다.

display
[displéi]

[동] 보이다, 진열[전시]하다 [명] 진열, 전시
The museum displayed the tools of primitive men.
그 박물관은 원시인들의 연장을 전시했다.

verify
[vérəfài]
verifiable [형] 입증할 수 있는
verification [명] 입증

[동] 입증[확인]하다
She verified his statement.
그녀는 그의 말이 사실임을 확인했다.

■ affect

다의어

1.~에 영향을 주다, 2.감동시키다 3.~인 체하다

1. The amount of rain affects the growth of crops.
   비의 양은 농작물 성장에 영향을 준다.
2. The play affected us deeply.
   그 연극은 우리에게 깊은 감동을 주었다.
3. She affected an air of innocence.
   그녀는 순진한 척했다.

A. 아래 단어의 뜻을 쓰시오.

1. plumber _____	2. breed _____
3. voyage _____	4. ornament _____
5. purpose _____	6. chaos _____
7. barter _____	8. migrate _____
9. thrive _____	10. sidewalk _____
11. formidable _____	12. conspiracy _____
13. add _____	14. nightmare _____
15. sincere _____	16. delicious _____
17. traitor _____	18. monopoly _____
19. exquisite _____	20. capture _____
21. scanty _____	22. legend _____
23. addict _____	24. situation _____
25. merchandise_____	26. threat _____
27. superstition _____	28. basis _____
29. implore _____	30. mention _____
31. stature _____	32. organ _____
33. primitive _____	34. dissolve _____
35. sightseeing _____	36. acquire _____
37. claim _____	38. wet _____
39. weird _____	40. resemble _____
41. adventure _____	42. slope _____
43. opportunity _____	44. crumble _____
45. damage _____	46. ashamed _____
47. scratch _____	48. interpret _____
49. dispense _____	50. outcome _____

51. mixture _____ 52. classical _____

53. possess _____ 54. epoch _____

55. staff _____ 56. vapor _____

57. attain _____ 58. mineral _____

59. supplement _____ 60. display _____

61. verify _____

B. 빈칸에 알맞은 단어를 넣으시오.

1. Life is often compared to a _____ .
   인생은 종종 항해에 비유된다.

2. They _____ with Indians for rice.
   그들은 쌀을 얻기 위해서 인디언과 물물교환을 했다.

3. The _____ is icy and dangerous to walk on.
   그 인도는 얼어서 걷기에 위험하다.

4. To do him justice, he is a _____ man.
   그를 공평하게 평하면, 그는 성실한 사람이다.

5. Appetizing food always smells _____ .
   식욕을 돋우는 음식은 언제나 맛있는 냄새가 난다.

6. The _____ rainfall is causing water shortages.
   불충분한 강우량이 물 부족을 야기하고 있다.

7. Advertise makes her shopping _____ .
   광고는 그녀를 쇼핑 중독에 빠지게 한다.

8. Carbon compounds are the _____ of all living matter.
   탄소 화합물이 모든 생물의 기초를 이룬다.

9. I was _____ and cold through and through.
   나는 온몸이 흠뻑 젖어 차가워져 있었다.

10. This is the last _____ for me to go abroad.
    이것이 내가 외국에 갈 수 있는 마지막 기회이다.

11. Would you like to hear _____ music or contemporary music?
    당신은 고전 음악을 좋아하세요, 아니면 현대 음악을 좋아하세요?

■ A·B : 본문참조

A big fish must swim in deep waters.
큰 물고기는 깊은 물에서 헤엄쳐야 한다.

assemble
[əsémbəl]
assembly 몡 집회, 회의

동 **모으다**, 조립하다
All the students assembled in the playground.
모든 학생들이 운동장에 모였다.

current
[kə́:rənt, kʌ́r-]
currency 몡 유통, 통화

형 **현재의, 지금의** 몡 **흐름**, 전류
The factory cannot continue its current level of
production. 그 공장은 현재의 생산수준을 계속 유지할 수 없다.

broadcast
[brɔ́:dkæst, -kɑ̀:st-]
broadcasting 몡 방송

동 **방송하다**, 방영하다 몡 **방송**, 방영
The concert was broadcast by relay.
그 음악회는 중계 방송되었다.

appreciate
[əprí:ʃièit]
appreciation 몡 감사, 감상, 평가

동 **감사하다**, 감상[평가]하다
I greatly appreciate all your help.
나는 당신의 모든 도움에 크게 감사한다.

military
[mílitèri / -təri]

형 **군(대)의**, 육군의 몡 **(the~)군대**
In many countries, military service is compulsory.
많은 국가에서 군 복무는 의무이다.

pattern
[pǽtərn]

(형) 양식, 무늬, 모범

He doesn't understand the behavior patterns of teenagers. 그는 10대들의 행동 양식을 이해하지 못한다.

surrender
[səréndər]

(동) 항복하다, 포기하다　(명) 항복, 포기

I would prefer to fight to the end rather than to surrender. 나는 항복하는 것 보다 차라리 끝까지 싸우는 것이 더 낫다.

optimistic
[ɑ̀ptəmístik / ɔ̀pt-]
optimism (명) 낙천주의, 낙관
optimist (명) 낙천주의자

(형) 낙관적인, 낙천적인

Let's take an optimistic view of things. 낙관적인 관점을 가지도록 합시다.

include
[inklú:d]

(동) 포함하다

Does it include the service charge and tax? 이것은 서비스료와 세금이 포함된 것인가요?

native
[néitiv]

(형) 모국의, 출생지의　(명) 원주민, 현지인

The foreigner speaks Korean like a native language. 그 외국인은 한국어를 모국어처럼 말한다.

facility
[fəsíləti]
facile (형) 손쉬운, 간편한

(명) 시설, 설비

They took full advantage of the hotel facilities. 그들은 호텔 시설을 십분 이용했다

conscious
[kánʃəs / kɔ́n-]
consciousness (명) 의식
consciously (부) 의식적으로

(형) 의식[자각]하고 있는, 의식이 있는

I am conscious of the importance of the matter. 나는 그 일의 중요성을 의식하고 있다.

general
[dʒénərəl]
generalize (동) 일반화하다
generally (부) 일반적으로

(형) 일반적인, 대체적인　(명) 대장, 장군

In general, men are taller than women. 일반적으로 남자가 여자보다 키가 크다.

impatient
[impéiʃənt]
impatience (명) 조급함

(형) 참을 수 없는, 성급한, 안달하는

She was so impatient that I could not hold her back. 그녀는 너무 성급해서 내가 그녀를 저지할 수 없었다.

humorous
[hjú:mərəs]

(형) 재미있는, 익살맞은

I think he is very humorous. 나는 그가 매우 재미있는 사람이라고 생각한다.

aim
[eim]

(동) 겨냥하다, 목표로 삼다   (명) 겨냥, 목적
He aimed the target with bended bow.
그는 활을 힘껏 당겨 과녁을 겨냥했다.

shabby
[ʃǽbi]

(형) 초라한, 낡아빠진, 지저분한
His old suit looks shabby.
그의 낡은 정장은 초라해 보인다.

dwell
[dwel]
dweller (명) 거주자, 주민
dwelling (명) 거주, 거주지

(동) 살다, 거주하다
My father dwells in the country.
나의 아버지는 시골에 거주하신다.

asset
[ǽset]

(명) 자산, 재산
Goodwill is an invisible asset.
친절은 보이지 않는 재산이다.

illuminate
[ilúːmənèit]
illumination (명) 조명, 계몽

(동) 조명하다, 비추다, 계몽하다
The streets were illuminated with strings of colored lights. 길거리는 일렬로 늘어선 색깔 있는 등불로 환하게 비춰졌다.

scorn
[skɔːrn]
scornful (형) 경멸하는, 비웃는

(명) 경멸, 멸시   (동) 경멸하다, 모욕하다
We scorn cowards and liars.
우리는 비겁자와 거짓말쟁이를 경멸한다.

elegant
[éləgənt]
elegance (명) 우아
elegantly (부) 우아하게

(형) 기품 있는, 우아한
She possesses an elegant style of writing.
그녀는 우아한 문체를 가지고 있다.

perplex
[pərpléks]
perplexed (형) 당황하는
perplexity (명) 당혹, 난처한 일

(동) 당황[난감]하게 하다
His strange silence perplexes me.
그의 이상한 침묵이 나를 당황하게 만든다.

timid
[tímid]
timidity (명) 겁, 소심, 수줍음

(형) 겁 많은, 소심한
The timid child was afraid of the dark.
겁 많은 그 아이는 어둠을 두려워했다.

cynical
[sínikəl]
cynic (명) 냉소적인 사람
cynicism (명) 냉소, 비꼬는 버릇

(형) 냉소적인, 비꼬는
She is cynical of his efforts.
그녀는 그의 노력에 대해 냉소적이다.

instant
[ínstənt]
instantly ⓟ 당장에

ⓗ 즉시의 ⓜ 즉시, 순간
I was ordered to leave the place in an instant.
나는 즉시 그 장소를 떠날 것을 명령 받았다.

equator
[ikwéitər]
equatorial ⓗ 적도의

ⓜ 적도
It is very hot near the equator.
적도 부근은 매우 덥다.

option
[ápʃən / ɔ́p-]
optional ⓗ 선택의

ⓜ 선택(권), 옵션
I have only one option.
나는 한 가지 선택밖에 할 수 없다.

imminent
[ímənənt]
imminence ⓜ 임박, 절박

ⓗ 절박한, 급박한
The system is in imminent danger of collapse.
그 제도는 절박한 붕괴 위험에 처해 있다.

pursue
[pərsú: / -sjú:]
pursuit ⓜ 추구, 추적, 수행

ⓥ 뒤쫓다, 추구하다, (일·연구 등을) 수행하다
I'll pursue him to the ends of the earth.
나는 땅 끝까지라도 그를 뒤쫓을 것이다.

hospitable
[háspitəbəl]
hospitality ⓜ 환대, 후한 대접

ⓗ 환대하는, 친절한
The villagers were very hospitable to anyone.
마을 사람들은 누구에게나 매우 친절했다.

다의어

■ air

1.공기 2.태도 3.하늘, 공중

1. The balloon is filled with hot air.
   그 풍선은 더운 공기로 가득하다.

2. an air of dignity
   근엄한 태도

3. He kicked a ball high in the air.
   그는 공을 하늘 높이 찼다.

06 Knowledge is power.
아는 것이 힘이다.

mock
[mɑk, mɔ(:)k]

[동] 조롱하다, 비웃다, 업신여기다
They have insulted us and mocked our religion.
그들은 우리를 모욕하고 우리의 종교를 비웃었다.

obey
[oubéi]
obedience [명] 복종, 순종
obedient [형] 복종적인

[동] 복종하다
God commands and man obeys.
신은 명령하고 사람은 복종한다.

vigor
[vígər]
vigorous [형] 정력적인, 활기찬

[명] 활력, 원기
I lost by degrees my vigor and beauty.
나는 점차로 내 활력과 아름다움을 잃었다.

convince
[kənvíns]
conviction [명] 신념, 확신

[동] 확신시키다, 설득시키다
He was convinced of the truth of his reasoning.
그는 자신의 추리가 옳다고 확신하고 있었다.

skim
[skim]

[동] 대충 읽다, (수면 등을) 스쳐지나가다
I skimmed through the report.
나는 그 보고서를 대충 읽어보았다.

agent
[éidʒənt]
agency 몡 대행사, 대리점

몡 **대리인, 대행자**

My agent acted for me in the negotiations.
내 대리인은 그 협상에서 내 역할을 대신했다.

rural
[rúərəl]

혱 **시골의, 전원의**

She lives in a quiet corner of rural village.
그녀는 시골 마을의 조용한 변두리에 산다.

laboratory
[lǽbərətɔ̀:ri, ləbɔ́rətəri]

몡 **실험실, 연구소**

He studies in the chemical laboratory.
그는 화학 실험실에서 연구한다.

fundamental
[fʌndəméntl]

혱 **근본적인, 기본적인**

That is a fundamental change in politics.
그것은 정치상의 근본적인 변화이다.

malice
[mǽlis]
malicious 혱 악의 있는

몡 **악의, 원한**

There was a relish of malice in his remark.
그의 말에는 약간의 악의 같은 것이 있었다.

bless
[bles]
blessing 몡 축복, 은총
blessed 혱 축복받은

동 **축복하다, 신의 은총을 빌다**

Good luck and God bless you.
당신에게 행운과 신의 은총을 빕니다.

companion
[kəmpǽnjən]

몡 **동료, 친구, 동반자**

She was deeply offended with her companion.
그녀는 동료에게 몹시 화를 냈다.

transfusion
[trænsfjú:ʒən]
transfuse 동 수혈하다

몡 **수혈**

She was treated with transfusions of blood.
그녀는 수혈을 받았다.

plunge
[plʌndʒ]

동 **뛰어들다, (어떤 상태에) 빠지다**

He plunged into the river and saved the boy.
그는 강물에 뛰어들어 소년을 구했다.

era
[íərə, érə]

몡 **시대, 기원, 연대**

This invention marks the beginning of a new era.
이 발명은 새 시대의 시작을 나타낸다.

isolate
[áisəlèit, ísə-]
isolation 명 고립, 격리
isolated 형 고립된, 격리된

동 고립시키다, 격리하다
Several villages have been isolated by heavy snowfalls. 몇 몇 마을이 폭설 때문에 고립되었다.

sermon
[sə́ːrmən]
sermonize 동 설교하다

명 설교
I fell asleep during the sermon.
나는 설교를 듣는 동안 잠이 들었다.

bewilder
[biwíldər]
bewilderment 명 당황,
어리둥절함

동 당황하게 하다, 어리둥절하게 하다
The noise and the crowds bewildered her.
소음과 군중들은 그녀를 당황하게 했다.

imitate
[ímitèit]
imitation 명 모방, 모조품

동 모방하다, 흉내 내다
A parrot imitates human speech.
앵무새는 사람의 말을 흉내 낸다.

honesty
[ánisti / ɔ́n-]
honest 형 정직한

명 정직
Honesty is one of the judge's most valuable assets.
정직은 재판관의 가장 귀한 자산 중 하나이다.

disregard
[dìsrigáːrd]

동 무시하다, 경시하다 명 무시, 경시
She completely had a disregard for her teacher's advices. 그녀는 선생님의 충고를 완전히 무시했다.

snore
[snɔːr]

동 코를 골다 명 코골기
Didn't I snore a lot in my sleep?
제가 자면서 코를 많이 골지 않던가요?

absorb
[əbsɔ́ːrb, -zɔ́ːrb]
absorption 명 흡수, 열중

동 흡수하다, 열중시키다
Water was absorbed into the ground.
물은 땅으로 흡수가 되었다.

fuel
[fjúːəl]

명 연료 동 연료를 공급하다
The airplane was out of fuel and made an emergency landing. 그 비행기는 연료가 떨어져서 불시착했다

client
[kláiənt]

명 의뢰인, 고객
He is going to meet with an important client.
그는 중요한 의뢰인과 만날 예정이다.

rapid
[ræpid]

형 빠른, 급속한
She made rapid progress in Korean.
그녀는 한국어에서 빠른 발전을 보이고 있다.

effective
[iféktiv]
effect 명 효과, 영향
effectively [부] 효과적으로

형 효과적인, 유효한
This medicine is effective for a headache.
이 약은 두통에 효과적이다.

summit
[sʌ́mit]

명 정상, 꼭대기, 정상회담
I am 30 meters off the summit.
나는 정상에서 30미터 아래에 있다.

plague
[pleig]

명 전염병, 재앙
The plague is rife in the slums.
그 전염병은 빈민굴에 만연해 있다.

transparent
[trænspéǝrǝnt]
transparency 명 투명

형 투명한, 솔직한, 명백한
The insect's wings are almost transparent.
곤충의 날개는 거의 투명하다.

acknowledge
[æknálidʒ / ǝk-]
acknowledgement 명 승인

동 인정하다, 시인하다
We should acknowledge the rights of others.
우리는 다른 사람의 권리를 인정해야 한다.

■ apply

1.신청[지원]하다   2. 적용하다   3.바르다, 칠하다

1. They applied for an American visa.
   그들은 미국비자를 신청했다.

2. The new law doesn't apply to small companies.
   새로운 법률은 소규모 회사들에는 적용되지 않는다.

3. The man is applying a coat of paint.
   남자가 페인트를 칠하고 있다.

A. 아래 단어의 뜻을 쓰시오.

1. assemble _____
2. current _____
3. broadcast _____
4. appreciate _____
5. military _____
6. pattern _____
7. surrender _____
8. optimistic _____
9. include _____
10. native _____
11. facility _____
12. conscious _____
13. general _____
14. impatient _____
15. humorous _____
16. aim _____
17. shabby _____
18. dwell _____
19. asset _____
20. illuminate _____
21. scorn _____
22. elegant _____
23. perplex _____
24. timid _____
25. cynical _____
26. instant _____
27. equator _____
28. option _____
29. imminent _____
30. pursue _____
31. hospitable _____
32. mock _____
33. obey _____
34. vigor _____
35. convince _____
36. skim _____
37. agent _____
38. rural _____
39. laboratory _____
40. fundamental _____
41. malice _____
42. bless _____
43. companion _____
44. transfusion _____
45. plunge _____
46. era _____
47. isolate _____
48. sermon _____
49. bewilder _____
50. imitate _____

51. honesty   _____
52. disregard   _____
53. snore   _____
54. absorb   _____
55. fuel   _____
56. client   _____
57. rapid   _____
58. effective   _____
59. summit   _____
60. plague   _____
61. transparent   _____
62. acknowledge_____

B. 빈칸에 알맞은 단어를 넣으시오.

1. The factory cannot continue its _____ level of production.
   그 공장은 현재의 생산수준을 계속 유지할 수 없다.

2. Let's take an _____ view of things.
   낙관적인 관점을 가지도록 합시다.

3. The foreigner speaks Korean like a _____ language.
   그 외국인은 한국어를 모국어처럼 말한다.

4. In _____ , men are taller than women.
   일반적으로 남자가 여자보다 키가 크다.

5. He _____ the target with bended bow.
   그는 활을 힘껏 당겨 과녁을 겨냥했다.

6. The streets were _____ with strings of colored lights.
   길거리는 일렬로 늘어선 색깔 있는 등불로 환하게 비춰졌다.

7. His strange silence _____ me.
   그의 이상한 침묵이 나를 당황하게 만든다.

8. I was ordered to leave the place in an _____ .
   나는 즉시 그 장소를 떠날 것을 명령 받았다.

9. My _____ acted for me in the negotiations.
   내 대리인은 그 협상에서 내 역할을 대신했다.

10. He _____ into the river and saved the boy.
    그는 강물에 뛰어들어 소년을 구했다.

11. _____ is one of the judge's most valuable assets.
    정직은 재판관의 가장 귀중한 자산 중 하나이다.

■ A·B : 본문참조

07

You can't make an omelette without breaking eggs.
달걀을 깨지 않고 오믈렛을 만들 수는 없다.

---

disorder
[disɔ́:rdər]
disorderly 형 혼란한, 무질서한

명 혼란, 무질서
The game terminated in disorder.
그 경기는 무질서하게 끝났다.

---

ideal
[aidí:əl]
ideally 부 이상적으로

형 이상적인　명 이상, 이념
He is the ideal candidate for this job.
그는 이 직업에 이상적인 사람이다.

---

trend
[trend]

명 경향, 추세
The trend toward shorter working hours continues.
근무 시간이 점점 짧아지는 경향이 계속되고 있다.

---

supreme
[səprí:m, su(:)-]
supremacy 명 최고, 주권

형 최고의
I am in a state of supreme delight.
나는 최고의 기쁨 상태에 있다.

---

enchant
[entʃǽnt, -tʃɑ́:nt]
enchantment 명 매혹, 황홀, 마법

동 매혹하다, 마법을 걸다, 기쁘게 하다
I was enchanted by her radiant beauty.
나는 그녀의 눈부신 아름다움에 매혹되었다.

reform
[riːfɔ́ːrm]
reformation 명 개혁

동 **개혁하다**, 개선하다 명 **개혁**, 개선
They arc afraid of changes and reform.
그들은 변화와 개혁을 두려워한다.

notion
[nóuʃən]
notional 형 관념적인, 개념상의

명 **관념**, **생각**, **의향**
I have no notion of going there.
나는 그 곳에 갈 생각이 없다.

impact
[ímpækt]

명 **영향**, **충돌**, **충격**
It had a profound impact on me.
그것은 나에게 아주 큰 영향을 끼쳤다.

judge
[dʒʌdʒ]
judgement 명 재판, 판정

명 **재판관**, 심판관 동 **판단하다**, 재판하다
The judge pronounced him guilty.
재판관은 그가 유죄라고 선언했다.

holy
[hóuli]

형 **신성한**, **성스러운**
This temple is the holy of holies to many people.
이 사찰은 많은 사람들에게 신성한 장소이다.

coarse
[kɔːrs]
refined 반 우아한, 세련된

형 **조잡한**, **거친**, **야비한**
He was very coarse in speech.
그는 말씨가 매우 조잡했다.

labor
[léibər]

명 **노동** 동 **노동하다**
She is not used to manual labor.
그녀는 손으로 하는 노동에 익숙지 않다.

physicist
[fízisist]
physics 명 물리학

명 **물리학자**
Einstein was a famous physicist.
아인슈타인은 유명한 물리학자였다.

immense
[iméns]

형 **거대한**, **막대한**
The woman left an immense fortune.
그 여자는 막대한 재산을 남겼다.

satire
[sǽtaiər]

명 **풍자(문학, 시)**, **빈정거림**, **신랄한 비꼼**
Her play was a cruel satire on life in the 80s.
그녀가 보여준 연극은 80년대의 삶에 관한 신랄한 풍자였다.

pace
[peis]

[명] 속도, 한 걸음, 보조 [동] (고른 보조로) 천천히 걷다
He is walking at a foot's pace.
그는 보통 보행 속도로 걷고 있다.

sparkle
[spɑ́:rkəl]

[명] 불꽃, 번쩍임, 광채 [동] 불꽃을 튀기다, 번쩍이다Stars
The flames leaped and sparkled.
불길이 솟아오르며 불꽃이 튀었다.

unique
[ju:ní:k]

[형] 유일한, 독특한
I think this cinema is creative and unique.
나는 이 영화가 창조적이고 독특하다고 생각한다.

transform
[trænsfɔ́:rm]
transformation [명] 변형

[동] 변형시키다, (성질, 기능 등을) 바꾸다
The fairy transformed the pumpkin into a carriage.
요정은 호박을 마차로 변형시켰다.

postpone
[poustpóun]

[동] 연기하다, 미루다
I postponed the decision for a week more.
나는 그 결정을 1주 동안 더 연기했다.

selfish
[sélfiʃ]
selfishness [명] 이기심

[형] 이기적인
Most people are more or less selfish.
대부분의 사람은 어느 정도 이기적이다.

consult
[kənsʌ́lt]
consultant [명] 상담역, 고문
consulting [명] 상담, 논의
[형] 자문의, 의논 상대의

[동] 상담하다, 상의하다
I consulted with the banker about investments.
나는 은행원과 투자에 관해서 상담했다.

announce
[ənáuns]
announcement [명] 발표

[동] 발표하다, 알리다
She has announced her marriage to her friends.
그녀는 친구들에게 결혼한다고 발표했다.

principal
[prínsəpəl]
principally [부] 주로, 대개

[형] 주요한 [명] 교장
By recommendation of the principal, I entered University.
교장님의 추천으로 나는 대학교에 진학했다.

truce
[tru:s]

[명] 휴전
A truce was declared between the two armies.
두 군대 사이에 휴전이 선포됐다.

bite
[bait]

[동] 물다, 물어뜯다 [명] 물기, 물린 상처, 한입
My eye had puffed up because of a mosquito bite.
내 눈은 모기에 물려서 부풀렸다.

sweat
[swet]
sweaty [형] 땀투성이의

[명] 땀 [동] 땀을 흘리다
His face was covered with sweat.
그의 얼굴은 땀으로 뒤범벅이었다.

suspicious
[səspíʃəs]
suspicion [명] 의심, 혐의

[형] 의심스러운, 수상쩍은
The patrol officer inspected all suspicious cars.
순찰 경관은 모든 의심스러운 차를 검색했다.

minister
[mínistər]

[명] 장관, 목사
New Defense Minister carried admirable credentials.
새 국방장관은 훌륭한 자격을 지니고 있었다.

compassion
[kəmpǽʃən]
compassionate [형] 인정 많은, 동정적인

[명] 동정(심), 연민
Compassion casts a mist before your eyes.
동정심은 너의 눈을 흐리게 한다.

permission
[pəːrmíʃən]
permit [동] 허가[허락]하다

[명] 허가, 허락, 인가
You'll have to ask them for permission.
당신은 그들에게 허가를 얻어야 할 겁니다.

다의어

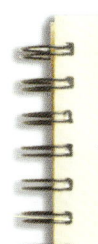

■ arm

1. 팔 2. 무장하다 3. 무기

1. I felt the touch of her hand on my arm.
내 팔에 그녀의 손이 닿는 게 느껴졌다.
2. The enemy is arming.
적이 무장하고 있다.
3. The soldiers rise in arms.
군인들이 무기를 들고 있다.

Everything comes to those who wait.
기다리는 자에게는 모든 것이 온다.

08

appear [əpíər] appearance 몡 출현, 외관, 상황	동 나타나다, ~인 듯하다 She appeared to him in a dream. 그녀가 그의 꿈에 나타났다.
typhoon [taifú:n]	몡 태풍 Houses were shattered by the typhoon. 집들은 태풍으로 산산이 부서졌다.
wholesome [hóulsəm]	형 건강에 좋은, 유익한, 건전한 Jogging is a wholesome exercise. 조깅은 건강에 좋은 운동이다.
mere [miər] merely 뷔 단지, 오직	형 단지 ~에 불과한, 단순한 That is mere prejudice. 그것은 단지 편견에 불과하다.
impulse [ímpʌls] impulsive 형 충동적인	몡 충동 He bought the car on impulse. 그는 충동적으로 그 차를 샀다.

feudal
[fjúːdl]
feudalism 명 봉건제도

형 봉건적인, 봉건제의
They tried to break down the feudal social system.
그들은 봉건적인 사회 제도를 타파하려고 했다.

surgeon
[sə́ːrdʒən]
surgical 형 외과의
surgery 명 외과, 수술

명 외과의사
The surgeon said that the operation had been a success.
그 외과의사는 수술이 잘 되었다고 말했다.

multitude
[mʌ́ltitjùːd]
multitudinous 형 수많은

명 다수, 군중
A multitude of students assembled in the auditorium.
다수의 학생들이 강당에 모였다.

stem
[stem]

명 줄기, 대   동 생기다, 유래하다
A cactus is a prickly plant whose stem stores water.
선인장은 줄기에 수분을 저장하는 가시투성이의 식물이다.

endure
[endjúər]
endurance 명 인내

동 견디다, 참다
She endures her troubles bravely.
그녀는 고통스러운 일들을 훌륭하게 견디고 있다.

uniform
[júːnəfɔ̀ːrm]

명 제복   형 균일한, 일정한
The company supplied uniforms to the workers.
그 회사는 사원들에게 제복을 지급했다.

conceal
[kənsíːl]
concealment 명 은폐, 은닉

동 숨기다, 비밀로 하다
They searched me for concealed weapons.
그들은 내가 흉기를 숨기고 있는지 몸수색을 했다.

ridiculous
[ridíkjələs]
ridicule 명 조롱 동 조롱하다
ridiculously 부 터무니없이

형 우스꽝스러운, 터무니없는
Who made this ridiculous rule?
누가 이런 우스꽝스런 규칙을 만들었지?

tidy
[táidi]

형 단정한, 깔끔한, 정돈된
My brother always keeps his room tidy.
내 동생은 언제나 자기 방을 깔끔히 정돈한다.

stubborn
[stʌ́bərn]

형 완강한, 고집 센
It was a stubborn resistance.
그것은 완강한 저항이었다.

flock
[flɑk / flɔk]

명 떼, 무리 동 무리 짓다
Huge numbers of birds had flocked together by the lake.
거대한 무리의 새들이 호숫가에 떼 지어 몰려 있었다.

muscle
[mʌ́səl]
muscular 형 근육의, 억센

명 근육, 완력
He relaxed his muscles.
그는 근육의 긴장을 풀었다.

depend
[dipénd]
dependence 명 의존
dependent 형 의존하는

동 의존하다, 믿다
I depend on myself more than anyone else.
나는 다른 누구보다도 내 자신에 더 많이 의존하고 있다.

semester
[siméstər]

명 학기
There's only one semester left before graduation.
졸업이 한 학기 밖에 남지 않았다.

transition
[trænzíʃən, -síʃən]
transitional 형 변천하는, 과도기의
transiently 부 일시적으로

명 변화, 변천
We are in a time of transition.
우리는 변화기에 있다.

retire
[ritáiər]
retirement 명 퇴직, 은퇴
retired 형 은퇴한

동 은퇴하다, 물러나다
I was retired on medical grounds.
나는 건강상의 이유로 은퇴 했다.

internal
[intə́:rnl]

형 내부의, 국내의
They knocked down a couple of internal walls.
그들은 내부의 벽 두 개를 허물었다.

significance
[signífikəns]
significant 형 중요한, 뜻 있는

명 중요성, 의미
She did not comprehend the significance of his remark.
그녀는 그의 말의 중요성을 이해하지 못했다.

flour
[flauər]

명 밀가루
She mixed the flour and water to a paste.
그녀는 밀가루와 물을 섞어 반죽을 만들었다.

guard
[gɑ:rd]

동 보호하다, 감시하다 명 경계, 보호, 보초, 경호인
All the approaches to the palace were guarded by troops.
그 궁전으로 통하는 모든 길들이 군대에 의해 보호되었다.

coffin
[kɔ́ːfin, kάf-]

명 관 동 관에 넣다, 입관하다
Many people accompanied the coffin to the grave.
많은 사람들이 무덤까지 그 관을 따라갔다.

extend
[iksténd]
extent 명 넓이, 범위
extension 명 연장, 확장

동 연장하다, 확장하다
I need to extend the contract period.
나는 계약기간을 연장 할 필요가 있다.

liquid
[líkwid]

명 액체 형 액체의
Water passes from a liquid to a solid when it freeze.
물은 얼면 액체에서 고체로 변한다.

professional
[prəféʃənəl]
profession 명 전문 직업

형 전문 직업의 명 전문가
You need a professional to sort out your finances.
당신의 재정문제를 해결하려면 전문가가 필요하다.

flow
[flou]

동 흐르다 명 흐름
Royal blood flows in his veins.
그의 몸엔 왕족의 피가 흐른다.

blank
[blæŋk]

형 공백의, 백지의, 무기명의 명 공백, 백지, 여백
동 비우다, 공백으로 하다, 지우다
I think I just sent you a blank email.
나는 방금 전에 공백의 이 메일을 보낸 거 같다.

■ article

다의어

1.기사, 논설 2.물품, 물건, 품목 3. 조항

1. She is reading an article in the paper.
   그녀는 신문 기사를 읽고 있다.

2. Our company usually sends goods by air freight.
   우리 회사는 보통 항공 화물로 물품을 보낸다.

3. a treaty which consists of ten articles
   10개 조항으로 된 조약

A. 아래 단어의 뜻을 쓰시오.

1. disorder _____
2. ideal _____
3. trend _____
4. supreme _____
5. enchant _____
6. reform _____
7. notion _____
8. impact _____
9. judge _____
10. holy _____
11. coarse _____
12. labor _____
13. physicist _____
14. immense _____
15. satire _____
16. pace _____
17. sparkle _____
18. unique _____
19. transform _____
20. postpone _____
21. selfish _____
22. consult _____
23. announce _____
24. principal _____
25. truce _____
26. bite _____
27. sweat _____
28. suspicious _____
29. minister _____
30. compassion _____
31. permission _____
32. appear _____
33. typhoon _____
34. wholesome _____
35. mere _____
36. impulse _____
37. feudal _____
38. surgeon _____
39. multitude _____
40. stem _____
41. endure _____
42. uniform _____
43. conceal _____
44. ridiculous _____
45. tidy _____
46. stubborn _____
47. flock _____
48. muscle _____
49. depend _____
50. semester _____

51. transition	_____	52. retire	_____
53. internal	_____	54. significance	_____
55. flour	_____	56. guard	_____
57. coffin	_____	58. extend	_____
59. liquid	_____	60. professsional	_____
61. flow	_____	62. blank	_____

B. 빈칸에 알맞은 단어를 넣으시오.

1. The _____ toward shorter working hours continues.
   근무 시간이 점점 짧아지는 경향이 계속되고 있다.

2. They are afraid of changes and _____ .
   그들은 변화와 개혁을 두려워한다.

3. Her play was a cruel _____ on life in the 80s.
   그녀가 보여준 연극은 80년대의 삶에 관한 신랄한 풍자였다.

4. I think this cinema is creative and _____ .
   나는 이 영화가 창조적이고 독특하다고 생각한다.

5. I _____ the decision for a week more.
   나는 그 결정을 1주 동안 더 연기했다.

6. The patrol officer inspected all _____ cars.
   순찰 경관은 모든 의심스러운 차를 검색했다.

7. _____ casts a mist before your eyes.
   동정심은 너의 눈을 흐리게 한다.

8. She _____ to him in a dream.
   그녀가 그의 꿈에 나타났다.

9. That is _____ prejudice.
   그것은 단지 편견에 불과하다.

10. They searched me for _____ weapons.
    그들은 내가 흉기를 숨기고 있는지 몸수색을 했다.

11. She did not comprehend the _____ of his remark.
    그녀는 그의 말의 중요성을 이해하지 못했다.

■ A·B : 본문참조

09 The only way to have a friend is to be one.

친구를 얻는 유일한 방법은 하나가 되는 것이다.

signature
[sígnətʃər]
sign [동] 서명하다, 신호하다

[명] 서명, 사인
You must confirm your identity with your signature.
당신은 서명을 해서 본인 확인을 받아야 한다.

accompany
[əkʌ́mpəni]
accompaniment [명] 부속물, 반주

[동] 동반하다, 동시에 일어나다, 반주하다
Thunder accompanies lightning.
천둥은 번개를 동반 한다.

fever
[fíːvər]
feverish [형] 열이 있는

[명] 열, 열병
I have a little fever, but it's not serious.
나는 열이 조금 있지만, 심하진 않다.

maximum
[mǽksəməm]

[명] 최대 [형] 최대의
Is the air conditioning set to maximum?
에어컨을 최대로 틀었나요?

partial
[pάːrʃəl]
partiality [명] 불공평, 편애

[형]부분적인, 불공평한
The patient may only make a partial recovery.
그 환자는 부분적으로만 회복될 수 있을 것이다.

lessen
[lésn]

동 작게[적게] 하다, 줄이다
This circumstance lessens danger.
이런 상황에서는 위험이 줄어든다.

naughty
[nɔ́:ti, nά:ti]

형 장난꾸러기인, 버릇없는
You were naughty to my recollection when you were a child.
내가 기억하기로 너는 아이였을 때 장난꾸러기였다.

stifle
[stáifəl]

동 숨 막히게 하다, 억누르다
We were stifled by the heat.
우리는 더워서 숨이 막힐 지경이었다.

worship
[wə́:rʃip]

명 숭배, 예배 동 숭배하다, 예배하다
The crowd knelt in reverence and worship.
군중들은 존경과 숭배로 무릎을 꿇었다.

damp
[dæmp]

형 축축한, 습기 있는 명 습기
She sponged her face over with a damp handkerchief.
그녀는 축축한 손수건으로 얼굴을 훔쳤다.

ecosystem
[í:kousìstəm, ékou-]

명 생태계
All plants and animals live in ecosystems.
모든 식물과 동물은 생태계 내에서 산다.

plant
[plænt, plɑ:nt]

명 식물, 공장 동 심다, (씨를) 뿌리다
Most plants grow best in rich soil.
대부분의 식물들은 비옥한 토양에서 가장 잘 자란다.

select
[silékt]
selection 명 선발, 선택

동 고르다, 선택하다
She selected the best out of many apples.
그녀는 많은 사과 중에서 가장 좋은 것을 골랐다.

uphold
[ʌphóuld]

동 (떠)받치다, 지지하다
I cannot uphold your conduct.
나는 너의 행동을 지지할 수 없다.

muddy
[mʌ́di]

형 진흙의, 진흙투성이의, (물이) 탁한 동 진흙투성이가 되다, 혼탁하게 하다
He drove his car down the muddy lane.
그는 그 진흙탕의 길을 따라 차를 몰았다.

technical
[téknikəl]
technique [명] 기술, 기법
technician [명] 전문가

[형] 기술상의, 전문의
We can learn technical knowledge in technical books.
우리는 전문 서적에서 전문 지식을 배울 수 있다.

---

imagine
[imǽdʒin]
imagination [명] 상상력
imaginable [형] 상상할 수 있는

[동] 상상하다, 마음에 그리다
Imagine that you are on a desert island.
네가 무인도에 있다고 상상해봐라.

---

perpetual
[pərpétʃuəl]
perpetuity [명] 영속, 불변

[형] 끊임없는, 영속적인
They heard the perpetual noises of the machines.
그들은 기계의 끊임없는 소음을 들었다.

---

breakdown
[bréikdàun]

[명] 고장, 쇠약, 파손, 붕괴
She suffered a complete nervous breakdown.
그녀는 완전히 신경 쇠약에 걸렸다.

---

subject
[sʌ́bdʒikt]
subjective [형] 주관적인

[명] 주제, 과목 [형] 영향을 받는[받기 쉬운], 지배를 받는
I have nothing more to say on that subject.
그 주제에 대해서 나는 더 할 말이 없다.

---

wicked
[wíkid]

[형] 사악한, 나쁜
The wicked magician cast a spell over the princess.
그 사악한 마술사가 공주에게 마술을 걸었다.

---

herb
[hə:rb]
herbal [형] 풀[약초]의

[명] 약초, 풀
God told them to eat herbs and garlic.
신은 그들에게 약초와 마늘을 먹으라고 명령했다.

---

grain
[grein]

[명] 곡식, 낟알
The warehouse was too humid to store the grain.
그 창고는 너무 습기가 많아서 곡식을 저장하기에 부적합하다.

---

contempt
[kəntémpt]
contemptuous [형] 경멸적인

[명] 무시, 경멸
He gazed in contempt on me.
그는 나를 경멸의 눈으로 응시했다.

---

proceed
[prousí:d]
process [명] 과정, 방법
procedure [명] 절차, 순서, 진행

[동] 계속하다, 나아가다
We proceeded on our way.
우리는 가던 길을 계속 갔다.

greedy
[gríːdi]
greed 명 탐욕

형 탐욕스러운, 갈망하는
He is greedy for money and power.
그는 돈과 권력에 탐욕스럽다.

arrange
[əréindʒ]
arrangement 명 정리, 배열, 조정

동 정리하다, 배열하다
They arranged the chairs around the fireplace.
그들은 난로 주변으로 의자를 배열했다.

signify
[sígnəfài]
significance 명 중요성, 의미
significant 형 중요한, 뜻있는

동 나타내다, 의미하다
She signified her approval with a smile.
그녀는 미소로 찬성의 뜻을 나타냈다.

forbid
[fərbíd]
forbidden 형 금지된

동 금지하다
He forbade me to enter his office.
그는 나에게 그의 사무실 출입을 금지시켰다.

trustworthy
[trʌ́stwə̀ːrði]

형 신뢰[신용]할 수 있는
The old man's memory is not trustworthy.
그 노인의 기억력은 신뢰할 수가 없다.

prosecution
[prɑ̀səkjúːʃən / prɔ̀-]
prosecute 동 해내다,
기소하다

명 기소, 실행
The police brought a prosecution against him for fraud. 경찰은 그를 사기로 기소했다.

■ **assume**

1.가정하다   2, 떠맡다   3. ~인 체하다

1. Let's assume what he says to be true.
   그가 하는 말을 진실이라고 가정하자.

2. He assumed all responsibilities.
   그는 모든 책임을 떠맡았다.

3. She assumed bo be deaf.
   그녀는 안 들리는 체했다.

10 One sows and another reaps.

씨 뿌리는 사람 따로 있고, 거두는 사람 따로 있다.

dignity
[dígnəti]
dignify [동] 위엄을 갖추다
dignified [형] 위엄[품위]있는

[명] 위엄, 품위
She behaved herself well with dignity.
그녀는 위엄 있는 태도로 처신했다.

outbreak
[áutbrèik]

[명] (폭동, 전쟁 등의) 발발, 발생
He left his hometown with the outbreak of World War ll.
그는 제 2차 세계 대전이 발발하자 고향을 떠났다.

abnormal
[æbnɔ́:rməl]
normal [반] 정상적인

[형] 비정상적인, 이상한
The pollutions make abnormal weather conditions.
공해가 비정상적인 날씨상태를 만든다.

reflect
[riflékt]
reflection [명] 반사, 반영

[동] 반사하다, 반영하다, 반성하다
Their opinions are reflected in the outcome.
그들의 의견은 결과에 반영되었다.

attend
[əténd]
attendance [명] 참석, 간호
attention [명] 주의, 주목

[동] 참석하다, 보살피다, 시중들다
People from all over the world will attend the meeting.
전 세계의 사람들이 그 회의에 참석할 것이다.

fluent
[flúːənt]
fluently ⑤ 유창하게

형 유창한
He speaks fluent English for a Korean.
그는 한국인치고는 영어가 유창하다.

pastime
[pǽstàim, páːs-]

명 기분전환, 취미, 오락
Watching the movie is my favorite pastime.
영화를 보는 것이 나의 가장 좋아하는 취미였다.

dismiss
[dismís]
dismissal 명 해고, 해산

동 해고하다, 해산하다
He was dismissed for neglecting his duties.
그는 그의 직무태만으로 해고 되었다.

upright
[ʌ́pràit, ʌpráit]

형 직립한, 수직의, (정신적으로) 곧은
Return your seats to an upright position.
당신의 좌석을 수직으로 세워 주기 바랍니다.

swear
[swɛər]

동 맹세하다
I swear by God that I will speak the truth.
진실을 말할 것을 하느님 앞에 맹세합니다.

tropical
[trάpikəl / trɔ́p-]
tropic 명 열대지방

형 열대의
Most plantations are in tropical or semitropical regions.
대부분의 농원은 열대나 아열대 지방에 있다.

adore
[ədɔ́ːr]
adorable 형 숭배할만한
adoration[명 숭배, 동경

동 숭배하다, 동경하다
Many people still adore the sun.
많은 사람들이 여전히 태양을 숭배한다.

conform
[kənfɔ́ːrm]
conformity 명 일치, 순응

동 따르다, 순응하다
We must conform ourselves to the laws.
우리는 법률에 따라야 한다.

reprove
[riprúːv]
reproof 명 비난, 질책 절망,
자포자기

동 꾸짖다, 비난하다
Employees were reproved for smoking in the office.
직원들은 사무실에서 담배를 피웠다고 꾸지람을 들었다.

deposit
[dipázit / -pɔ́z-]

동 예금하다, 맡기다 명 예금, 보증금
The money will be deposited directly into your bank
account. 돈은 당신의 은행 계좌에 곧바로 입금될 것이다.

exist
[igzíst]
existence 몡 존재

동 존재하다
Man cannot exist without air.
인간은 공기 없이 존재할 수 없다.

collapse
[kəlǽps]

동 무너지다, 붕괴하다　명 붕괴, 와해
The whole building collapsed.
그 건물 전체가 붕괴했다.

inner
[ínər]

형 내부의, 속의
The cinnamon tree has an aromatic inner bark.
계피 나무에는 향기로운 속껍질이 있다.

attempt
[ətémpt]

명 시도　동 시도하다
The player was out in attempting to steal the third base.
그 선수는 3루에 도루를 시도하다가 아웃이 되었다.

purchase
[pə́:rtʃəs]

동 구입하다, 사다　명 구매, 구입
The ticket must be purchased by May 1st.
표는 5월 1일까지 구입해야한다.

leap
[li:p]

동 도약하다, 뛰어오르다, 껑충 뛰다　명 도약
He leaped for joy at the news.
그는 그 소식을 듣고 기뻐 뛰어올랐다.

emit
[imít]
emission 몡 방사, 분출

동 (빛, 열, 냄새 따위를) 방출하다, (의견 등을) 말하다
Fire emits heat and smoke.
불은 열과 연기를 방출한다.

revolve
[rivάlv / -vɔ́lv]
revolution 몡 혁명, 회전(운동)
revolutionary 몡 혁명적인,
　　　　　　　회전하는

동 회전[시키다]하다
The earth revolves around the sun.
지구는 태양의 주위를 회전한다.

anthropology
[æ̀nθrəpάlədʒ, -pɔ́l-]
anthropologist 몡 인류학자

명 인류학
Anthropology traces the evolution of the human organism.
인류학은 인류의 진화 과정을 추적하고 밝힌다.

garbage
[gá:rbidʒ]

명 쓰레기, 음식 찌꺼기, 폐기물
Just a few years ago, this town was full of garbage heaps.
몇 년 전만 해도 이 마을은 쓰레기 더미로 가득 차 있었다.

cheat
[tʃiːt]
cheating 명 부정행위

동 속이다, 부정행위를 하다
She cheated me under the name of friendship.
그녀는 우정이라는 이름으로 나를 속였다.

ethical
[éθikəl]
ethics 명 도덕, 윤리학

형 도덕상의, 윤리적인
He is a very serious and ethical man.
그는 매우 진지하고 도덕적인 사람이다.

restrain
[riːstréin]
restraint 명 억제(력), 금지
restrained 형 삼가는, 자제하는

동 제지하다, 억제하다
She was so angry that she could hardly restrain herself.
그녀는 너무 화가 나서 자신을 억제할 수 없었다.

parallel
[pǽrəlèl]

형 평행의, 유사한   명 평행선   동 평행하다
The road runs parallel to the railway.
도로가 기찻길과 평행하게 뻗어 있다.

dormitory
[dɔ́ːrmətɔ̀ːri / -təri]

명 기숙사
He was supposed to check into the dormitory.
그는 기숙사로 들어가기로 되어 있었다.

pulse
[pʌls]

명 맥박
The doctor began by feeling my pulse.
그 의사는 내 맥박을 재는 것부터 시작했다.

■ attend

다의어

1.참석[출석]하다   2.주의하다   3.보살피다, 간호하다

1. We attended a reunion of former pupils of our school.
   우리는 동창회 모임에 참석했다.

2. You must attend more to details.
   당신은 세밀한 점에 더 주의해야 한다.

3. The nurses attended on the sick day and night.
   그 간호사들은 밤낮으로 환자를 보살폈다.

A. 아래 단어의 뜻을 쓰시오.

1. signature _____
2. accompany _____
3. fever _____
4. maximum _____
5. partial _____
6. lessen _____
7. naughty _____
8. stifle _____
9. worship _____
10. damp _____
11. ecosystem _____
12. plant _____
13. select _____
14. uphold _____
15. muddy _____
16. technical _____
17. imagine _____
18. perpetual _____
19. breakdown _____
20. subject _____
21. wicked _____
22. herb _____
23. grain _____
24. contempt _____
25. proceed _____
26. greedy _____
27. arrange _____
28. signify _____
29. forbid _____
30. trustworthy _____
31. prosecution _____
32. dignity _____
33. outbreak _____
34. abnormal _____
35. reflect _____
36. attend _____
37. fluent _____
38. pastime _____
39. dismiss _____
40. upright _____
41. swear _____
42. tropical _____
43. adore _____
44. conform _____
45. reprove _____
46. deposit _____
47. exist _____
48. collapse _____
49. inner _____
50. attempt _____

51. purchase _____   52. leap _____

53. emit _____   54. revolve _____

55. anthropology_____   56. garbage _____

57. cheat _____   58. ethical _____

59. restrain _____   60. parallel _____

61. dormitory _____   62. pulse _____

B. 빈칸에 알맞은 단어를 넣으시오.

1. The patient may only make a _____ recovery.
   그 환자는 부분적으로만 회복될 수 있을 것이다.

2. All plants and animals live in _____ .
   모든 식물과 동물은 생태계 내에서 산다.

3. We can learn technical knowledge in _____ books.
   우리는 전문 서적에서 전문 지식을 배울 수 있다.

4. They heard the _____ noises of the machines.
   그들은 기계의 끊임없는 소음을 들었다.

5. They_____ the chairs around the fireplace.
   그들은 난로 주변으로 의자를 배열했다.

6. He left his hometown with the _____ of World War II.
   그는 제 2차 세계 대전이 발발하자 고향을 떠났다.

7. Their opinions are _____ in the outcome.
   그들의 의견은 결과에 반영되었다.

8. Watching the movie is my favorite _____ .
   영화를 보는 것이 나의 가장 좋아하는 취미였다.

9. The money will be _____ directly into your bank account.
   돈은 당신의 은행 계좌에 곧바로 입금될 것이다.

10. The player was out in _____ to steal the third base.
    그 선수는 3루에 도루를 시도하다가 아웃이 되었다.

11. The earth _____ around the sun.
    지구는 태양의 주위를 회전한다.

■ A·B : 본문참조

11 Lend your money and lose your friend.
돈을 빌려주면 친구를 잃는다.

---

share
[ʃɛər]

영 몫, 할당, 목표　동 분배하다, 공유하다
She did more than her share of the work.
그녀는 자신의 몫보다 더 많은 일을 했다.

---

preface
[préfis]

영 서문, 머리말　동 서문을 쓰다, 시작하다
He began by reading the preface.
그는 서문을 읽는 것부터 시작했다.

---

illiterate
[ilítərit]

형 문맹의, 글을 읽고 쓸 줄 모르는　영 무교육자
A surprising percentage of the population are illiterate.
놀랄 만큼 높은 비율의 인구가 문맹이다.

---

resolution
[rèzəlúːʃən]
resolve 동 결심[분해]하다
resolute 형 의지가 굳은

영 결심
He makes good resolutions, only he never keeps them.
그는 훌륭한 결심을 한다. 다만 실행하지 못할 뿐이다

---

concede
[kənsíːd]
concession 영 양보

동 양보하다, 인정하다
I can not concede this point.
나는 이 점은 양보할 수 없다.

pierce
[piərs]
piercing [형] 꿰뚫는, (바람·추위 따위가) 살을 에는 듯한

[동] 꿰뚫다, 관통하다, 간파하다
The bullet pierced his shoulder.
그 총알은 그의 어깨를 관통했다.

---

compensation
[kɑ̀mpənséiʃən / kɔ̀m-]
compensate [동] 보상하다, 배상하다

[명] 보상(금)
Your insurance company will give you a compensation for loss. 당신의 보험회사가 보상을 해줄 것이다.

---

fragrant
[fragrant]

[형] 향기로운
The air of the garden was fragrant with roses.
정원의 공기는 향기로운 장미향이 난다.

---

virtual
[və́:rtʃuəl]

[형] 실질적인, 가상의
He is the virtual head of the business.
그는 그 회사의 실질적인 주인이다.

---

wound
[wu:nd, waund]

[명] 상처, 부상 [동] 상처 입히다, (감정 등을) 상하게 하다
The soldier's wounds were gradually healed up.
병사의 상처는 점차 치유되었다.

---

subtract
[səbtrǽkt]
subtraction [명] 빼냄, 공제
subtractive [형] 빼는, 감하는

[동] 빼다, 공제하다
Subtract the smaller number from the larger number.
큰 숫자에서 작은 숫자를 빼라.

---

adequate
[ǽdikwit, ǽdə-]
adequacy [명] 충분, 적절함, 타당성

[형] 어울리는, 적당한, 타당한
He is quite adequate to the task.
그는 그 임무에 아주 적당하다.

---

contrive
[kəntráiz]
contrivance [명] 고안, 발명

[동] 고안하다, 연구하다
He contrived an ingenious scheme.
그는 어떤 독창적인 계획을 고안했다.

---

fossil
[fɑ́sl / fɔ́sl]

[명] 화석 [형] 화석의
Some of these fossils are over 30 million years old.
이 화석들 중 몇몇은 3천만년이나 되었다.

---

bruise
[bru:z]

[명] 타박상, 멍 [동] 멍들게 하다, 상하게 하다
I got a bruise on my back.
나는 등에 타박상을 입었다.

previous
[príːviəs]
previously [부] 전에

[형] 앞의, 사전의
I have a previous appointment with her.
나는 그녀와 선약이 있다.

substitute
[sʌ́bstitjùːt]
substitution [명] 대리, 대용

[동] 대신하다, 대용하다 [명] 대리(인), 대용품
She will substitute for me while I'm gone.
내가 없는 동안 그녀가 내 업무를 대신할 것이다.

legal
[líɡəl]

[형] 법률의, 합법적인
Hunting is legal in this area.
이 지역에서의 사냥은 합법적이다.

tease
[tiːz]
teasing [형] 괴롭히는, 성가신

[동] 놀리다, 괴롭히다
You must not tease a child because it stutters.
너는 그 아이가 말을 더듬는다고 놀려서는 안 된다.

rude
[ruːd]
rudely [부] 무례하게

[형] 버릇없는, 무례한
It is rude to point at a person.
남에게 손가락질하는 것은 버릇없는 짓이다.

digest
[didʒést, dai-]
digestion [명] 소화(작용, 기능)
digestive [형] 소화의 [명] 소화제

[동] 소화하다, 요약하다
If you chew your food properly it is easier to digest.
음식을 잘 씹으면 소화가 더 잘 된다.

epidemic
[èpədémik]

[명] 유행병, 전염병 [형] 전염[유행]성의
The flood was accompanied with an epidemic.
홍수는 전염병을 수반한다.

mess
[mes]

[명] 엉망진창, 혼란 [동] 망쳐놓다, 어지럽히다
He has made a terrible mess of this job.
그는 이 일을 엄청나게 망쳐 놓았다.

separate
[sépərèit]
separation [명] 분리

[동] 분리하다, 구별하다 [형] 분리된
We should separate the trash before throwing it away.
우리는 쓰레기를 버리기 전에 분리해야 한다.

indulge
[indʌ́ldʒ]
indulgence [명] 방종, 탐닉
indulgent [형] 관대한

[동] (욕망 등에) 빠지다, 탐닉하다
There is no need to indulge in such heroics.
그런 과장된 이야기에 빠질 필요 없다.

theory
[θíəri]
theoretical 혱 이론적인

명 이론
His theory can't account for this fact.
그의 이론은 이 사실을 설명할 수가 없다.

replace
[ripléis]

동 ~을 대신하다, 제자리에 놓다
I replaced him during his absence.
나는 그의 부재중에 그의 일을 대신했다.

modify
[mádəfài / mɔ́d-]
modification 명 변경, 수정

동 변경하다, 수정하다, 수식하다
The landlady has modified the terms of lease.
집주인 여자는 임대 조건을 변경했다.

expand
[ikspǽnd]
expansion 명 확장, 확대

동 확장하다, 넓히다, 팽창시키다
We have a plan to expand our office next week.
우리는 다음 주에 사무실을 확장할 계획이 있다.

spare
[spɛ́ər]

동 절약하다, 아끼다, 보관하다 형 예비의
A spare tire is usually stored in the trunk.
예비 타이어는 대개 트렁크 속에 보관된다.

■ base

1. 기초 2. 근거 3. (군대의) 기지 4. ~에 기초를 두다

1. A secure base is the most important point.
   안전한 기초가 가장 중요한 점이다.

2. The result is at the base of the theory.
   그 결과는 그 이론의 근거가 된다.

3. They established a base on the moon.
   그들은 달에 기지를 건설했다.

3. This movie is based on historical facts.
   이 영화는 역사적 사실에 기초를 두고 있다.

12

A tree falls the way it leans.
나무는 기우는 쪽으로 넘어진다.

---

prevent
[privént]
prevention 명 방지, 예방
preventive 형 예방하는, 막는

동 **막다, 방해하다, 예방하다**
Your prompt action prevented a serious accident.
당신의 즉각적인 행동이 심각한 사고를 막았다.

---

weapon
[wépən]

명 **무기, 병기**
They abandoned their weapons and fled in all directions.
그들은 그들의 무기를 버리고 사방으로 도망갔다.

---

adorn
[ədɔ́ːrn]
adornment 명 꾸밈, 장식품

동 **꾸미다, 장식하다**
The Christmas tree was adorned with stars.
그 크리스마스트리는 별들로 장식되어 있었다.

---

manuscript
[mǽnjəskrìpt]

명 **원고, 필사본(손으로 쓴 것)**
These are authentic manuscripts of the 16th century.
이것들은 진짜 16세기의 필사본들입니다.

---

convention
[kənvénʃən]
conventional 형 관례적인,
집회의

명 **관습, 집회, 협정**
We need to break with old conventions.
우리는 낡은 관습을 타파해 버릴 필요성이 있다.

literal
[lítərəl]
literally [부] 글자 뜻 그대로, 사실상

[형] 문자 상의, 글자그대로의
A literal translation is not always the closest to the original meaning. 글자그대로의 번역이 반드시 원뜻에 가장 가까운 것은 아니다.

spiritual
[spíritʃuəl]
spirit [명] 정신, 영혼, 마음

[형] 정신적인, 영적인
The spiritual strength is just the motive power of victory.
정신적인 힘이 바로 승리의 원동력이다.

explore
[iksplɔ́ːr]
exploration [명] 탐험
explorer [명] 탐험가

[동] 탐험하다, 탐사하다
They explore the sea bed for oil.
그들은 석유를 찾아 해저를 탐사한다.

tedious
[tíːdiəs, -dʒəs]

[형] 지루한, 따분한, 장황한
The conference was a long and tedious affair.
그 회의는 길고 지루했다.

release
[rilíːs]

[동] 풀어주다, 해방하다, 공개하다 [명] 해방
Police released the suspect yesterday.
경찰은 그 용의자를 어제 풀어주었다

decent
[díːsənt]
decency [명] 품위, 예절바름

[형] 점잖은, 품위 있는, 일정 수준의
He is truly a decent man.
그는 정말 점잖은 사람이다.

moisture
[mɔ́istʃər]
moist [형] 습한

[명] 습기, 수분
The surface repels moisture.
그 표면은 습기를 빨아들이지 않는다.

appoint
[əpɔ́int]
appointment [명] 임명, 지명

[동] 지명하다, 임명하다
She was appointed Ambassador to the United States.
그녀는 주미 대사로 임명되었다.

reply
[riplái]

[동] 대답하다 [명] 대답
His reply was a refusal in effect.
그의 대답은 사실상 거절이었다.

stable
[stéibl]
stability [명] 안정
stabilize [동] 안정시키다

[형] 안정된, 견고한
She has a stable financial background.
그녀는 안정된 경제적인 배경이 있다.

wreckage
[rékidʒ]
wreck 몡 난파 통 난파시키다

몡 잔해, 파편
Wreckage of the aircraft was scattered over a wide area.
비행기의 잔해가 넓은 지역에 흩어져 있었다.

impose
[impóuz]
imposition 몡 부과

통 부과하다, 강요하다
The policeman imposed a fine on me.
그 경찰관은 나에게 벌금을 부과했다.

soar
[sɔːr]

통 치솟다, 높이 날다[오르다]
Stock market prices soared for 3 days in a row.
주식 시세가 연 3일째 치솟았다.

weed
[wiːd]

몡 잡초
This chemical will keep the weeds down.
이 농약은 잡초를 제거 할 것이다.

advocate
[ǽdvəkit, -kèit]

통 옹호[변호]하다, 주장하다
He advocates a policy of gradual reform.
그는 점진적인 개혁 정책을 주장한다.

proof
[pruːf]
prove 통 증명하다, 입증하다

몡 증명, 증거
Do you have any positive proof that I did it?
당신은 내가 그것을 했다는 확실한 증거를 가지고 있어요?

volcano
[vɑlkéinou / vɔl-]

몡 화산
The volcano erupted with great force.
그 화산은 맹렬한 기세로 폭발했다.

sob
[sɑb / sɔb]

통 흐느껴 울다 몡 흐느낌
I heard her sobs from the upstairs.
나는 위층에서 그녀의 흐느낌을 들었다.

forsake
[fərséik]

통 저버리다, 버리다
He is bad enough to forsake a friend in need.
그는 곤경에 빠진 친구를 저버릴 만큼 나쁘다.

administration
[ædmìnəstréiʃən]
administer 통 관리하다, 집행하다
administrator 몡 관리자

몡 관리, 행정
He works in hospital administration.
그는 병원의 관리 일을 한다.

enroll
[enróul]
enrollment 몡 등록

동 등록하다
He is enrolled in eight classes this term.
그는 이번 학기에 8 과목을 등록했다.

legitimate
[lidʒítəmit]
legitimacy 몡 합법성, 적법

형 합법적인, 정당한
You must use public money only for legitimate purposes.
공금은 합법적인 목적에만 사용해야 한다.

prestige
[prestíːdʒ, préstidʒ]
prestigious 몡 명성 있는, 유명한

몡 명성, 위신
The mayor's prestige is known throughout the country.
그 시장의 명성은 전국에 걸쳐 알려져 있다.

astronaut
[ǽstrənɔ̀ːt]

몡 우주 비행사
His dream is to be an astronaut.
그의 꿈은 우주 비행사가 되는 것이다.

conscience
[kánʃəns / kɔ́n-]
conscientious 몡 양심적인

몡 양심, 도의심
It is a point of conscience.
그것은 양심의 문제다.

■ **bear**

1.참다 2. 낳다,(열매를) 맺다 3.지니다, 품다 4. 곰

1. I can't bear this hot weather.
   나는 이런 더운 날씨는 못 참겠다.

2. She bore three children.
   그녀는 세 아이를 낳았다.

3. He bears a grudge against me.
   그는 나에게 악의를 품고 있다

3. The hunter tracked the bear.
   사냥꾼이 곰을 추적했다.

A. 아래 단어의 뜻을 쓰시오.

1. share _____	2. preface _____
3. illiterate _____	4. resolution _____
5. concede _____	6. pierce _____
7. compensation_____	8. fragrant _____
9. virtual _____	10. wound _____
11. subtract _____	12. adequate _____
13. contrive _____	14. fossil _____
15. bruise _____	16. previous _____
17. substitute _____	18. legal _____
19. tease _____	20. rude _____
21. digest _____	22. epidemic _____
23. mess _____	24. separate _____
25. indulge _____	26. theory _____
27. replace _____	28. modify _____
29. expand _____	30. spare _____
31. prevent _____	32. weapon _____
33. adorn _____	34. manuscript _____
35. convention _____	36. literal _____
37. spiritual _____	38. explore _____
39. tedious _____	40. release _____
41. decent _____	42. moisture _____
43. appoint _____	44. reply _____
45. stable _____	46. wreckage _____
47. impose _____	48. soar _____
49. weed _____	50. advocate _____

51. proof _____ 52. volcano _____

53. sob _____ 54. forsake _____

55. administration_____ 56. enroll _____

57. legitimate _____ 58. prestige _____

59. astronaut _____ 60. conscience _____

B. 빈칸에 알맞은 단어를 넣으시오.

1. He makes good _____ , only he never keeps them.
   그는 훌륭한 결심을 한다. 다만 실행하지 못할 뿐이다

2. Your insurance company will give you a _____ for loss.
   당신의 보험회사가 보상을 해줄 것이다.

3. _____ the smaller number from the larger number.
   큰 숫자에서 작은 숫자를 빼라.

4. She will _____ for me while I'm gone.
   내가 없는 동안 그녀가 내 업무를 대신할 것이다.

5. If you chew your food properly it is easier to _____ .
   음식을 잘 씹으면 소화가 더 잘 된다.

6. We should _____ the trash before throwing it away.
   우리는 쓰레기를 버리기 전에 분리해야 한다.

7. Your prompt action _____ a serious accident.
   당신의 즉각적인 행동이 심각한 사고를 막았다.

8. The _____ strength is just the motive power of victory.
   정신적인 힘이 바로 승리의 원동력이다.

9. The surface repels _____ .
   그 표면은 습기를 빨아들이지 않는다.

10. Do you have any positive _____ that I did it?
    당신은 내가 그것을 했다는 확실한 증거를 가지고 있어요?

11. You must use public money only for _____ purposes.
    공금은 합법적인 목적에만 사용해야 한다.

■ A·B : 본문참조

13

Barking dogs seldom bite.
짖는 개는 좀처럼 물지 않는다.

---

humiliate
[*h*ju:mílièit]
humiliation 몡 수치, 굴욕
humiliating 혱 굴욕적인

동 **창피를 주다**, 굴욕감을 느끼게 하다
I was humiliated by the rude behavior of my children.
나는 내 아이들의 무례한 행동으로 창피했다.

---

monarch
[mánərk / mɔ́n-]
monarchy 몡 군주정치, 군주제,
군주국

몡 **군주**
An emperor is a monarch who rules the roast over an
empire. 황제란 제국을 통치하는 군주이다.

---

indignation
[ìndignéiʃən]
indignant 혱 분노한

몡 **분노**
He felt his heart swelling with indignation.
그는 가슴에 분노가 치미는 것을 느꼈다.

---

confidence
[kánfidəns / kɔ́n-]
confident 혱 자신감 있는

몡 **자신(감), 신용**
Our team is full of confidence.
우리 팀은 자신감에 차 있다.

---

dedicate
[dédikèit]
dedicated 혱 헌신적인
dedication 몡 헌신, 헌납

동 **바치다, 헌납하다**
She dedicated her life to help the poor.
그녀는 평생을 가난한 사람들을 돕는데 바쳤다.

impudent
[ímpjədənt]
impudence 명 뻔뻔스러움

형 뻔뻔스러운, 무례한
It was impudent of her to answer like that.
그녀가 그렇게 대답한 것은 뻔뻔스러웠다.

qualify
[kwάləfài / kwɔ́l-]
qualified 형 자격이 있는, 적임의
qualification 명 자격, 제한

동 자격을 주다, 제한하다
I'm going into private practice when I qualify.
나는 자격을 갖추면 개업을 할 것이다.

ripe
[raip]
ripen 동 익다, 원숙하다

형 익은, 숙성한
The time was ripe a revolution.
혁명의 기운이 무르익었다.

sequence
[sí:kwəns]
sequent 형 연속의

명 연속, 순서
These recordings are in sequence and continuous.
이 기록들은 연속되어 있고 이어진다.

dumb
[dʌm]

형 말문이 막힌, 벙어리의
I was struck dumb at her audacity.
나는 그녀의 대담함에 말문이 막혔다.

wonder
[wʌ́ndər]

동 놀라다, 궁금해 하다   명 놀라움, 경탄
We were filled with wonder.
우리는 놀라움으로 가득 찼다.

angle
[ǽŋgl]

명 각, 각도
Let's view the matter from another angle.
다른 각도에서 문제를 살펴보자.

pride
[praid]
proud 형 자랑스러운

명 자랑, 자존심
His rude manner injured her pride.
그의 무례한 태도는 그녀의 자존심을 손상시켰다.

rotten
[rátn / rɔ́tn]
rot 동 썩다, 부패하다 절망,
자포자기

형 부패한, 썩은
The window frames are completely rotten.
창문틀이 완전히 썩었다.

capability
[kèipəbíləti]
capable 형 유능한, ~할 능력이
있는

명 능력
He has no capability to deal with the matter.
그는 그 일을 처리할 능력이 없다.

lament
[ləmént]
lamentation 명 비탄, 애도

동 슬퍼하다, 한탄하다
She lamented the death of a friend.
그녀는 친구의 죽음을 슬퍼했다.

zealous
[zéləs]
zeal 명 열심, 열의, 열중

형 열심인, 열중한
He was zealous in carrying out the plan.
그는 그 계획의 실행에 열심이었다.

resign
[rizáin]
resignation 명 사직, 단념

동 사임하다, 단념하다
The president resigned after 30 years of autocratic rule.
그 대통령은 30년간의 독재 통치 끝에 사임했다.

monument
[mánjəmənt / mɔ́n-]
monumental 형 기념비의,
　　　　　　 기념되는

명 기념비, 기념물
This monument was built for the founder.
이 기념비는 창립자를 기념해서 세워졌다.

discard
[diská:rd]

동 버리다, 포기하다
He discarded money for name.
그는 돈을 버리고 명예를 취했다.

survive
[sərváiv]
survival 명 생존
survivor 명 생존자

동 살아남다, ~보다 오래 살다
If it were not for water, no living things could survive.
물이 없다면 생물은 살아남을 수가 없을 것이다.

valid
[vǽlid]

형 타당한, 유효한
He raised valid objections to the scheme.
그는 그 계획에 대해 타당한 이의를 제기했다.

heritage
[héritidʒ]

명 유산, 상속 재산
These ancient buildings are part of the national heritage.
이 고대 건물들은 국가 유산의 일부이다.

ambiguous
[æmbíɡjuəs]
ambiguity 명 애매[모호]함

형 애매[모호]한, 분명치 않은
That sentence is ambiguous.
그 문장은 애매하다.

withstand
[wiðstǽnd, wiθ-]

동 견디다, 저항하다
The building perfectly withstood the earthquake.
그 건물은 지진에도 완벽하게 견디어냈다.

destiny
[déstəni]

형 운명

It was my destiny that I would never return.
내가 다시 돌아오지 못하는 것이 내 운명이었다.

ultimate
[ʌ́ltəmit]

형 최후의, 궁극적인

Peace was the ultimate goal of the meeting.
평화가 그 모임의 궁극적인 목표였다.

hostile
[hástil / hɔ́stail]
hostility 형 적의

형 적의 있는, 호의적이 아닌

He seems to have some hostile feeling toward me.
그는 나에게 다소 적의를 가지고 있는 것 같다.

glitter
[glítər]
glittering 형 반짝이는, 빛나는

동 번쩍거리다, 빛나다   명 반짝임, 화려함, 광채

Be careful because all that glitters is not gold.
반짝인다고 모든 것이 금이 아니니까 조심해라.

sufficient
[səfíʃənt]
sufficiency 형 충분

형 충분한

He has sufficient qualifications for a team captain.
그는 팀의 주장으로서 충분한 자격이 있다.

wither
[wíðər]

동 시들다, 말라[시들어] 죽다

Their hopes gradually withered away.
그들의 희망은 서서히 시들어 갔다.

■ become

1. ~이 되다 2. 어울리다

1. They became close friends.
   그들은 친한 친구가 되었다.

2. Her new hat certainly becomes her.
   새 모자가 그녀에게 잘 어울린다.

14 Even Homer sometimes nods.

호머 같은 시인도 실수를 한다.

realm
[relm]

[명] 영역, 왕국, 영지
She has her own spiritual realm.
그녀는 그녀만의 독특한 정신적인 영역을 가지고 있다.

oblige
[əbláidʒ]
obligation [명] 의무, 은혜
obligatory [형] 의무적인, 강제적인

[동] 강요하다, 은혜를 베풀다
Falling profits obliged them to close the factory.
이윤 감소는 그들에게 공장을 닫도록 강요했다.

request
[rikwést]

[동] 요청하다, 신청하다 [명] 요청, 부탁
He graciously acceded to our request.
그는 친절하게도 우리의 요청을 따라 주었다.

altitude
[ǽltətjùːd]

[명] 고도, 높이
The plane is cruising at a moderate altitude.
비행기는 적당한 고도로 비행하고 있다.

frequent
[fríːkwənt]
frequency [명] 주파수, 빈번
frequently [부] 빈번하게

[형] 빈번한
Frequent strikes are damaging the economy of the country. 빈번한 파업이 그 나라의 경제를 손상시키고 있다.

drought
[draut]

[명] 가뭄
The drought lasted for several months.
그 가뭄은 몇 달 동안 계속되었다.

courtesy
[kɔ́ːrtəsi]
courteous [형] 예의바른

[명] 예의, 예절
There should be courtesy even among intimates.
친한 사이에도 예의는 있어야 한다.

diagnose
[dáiəgnòus]
diagnosis [명] 진단, 식별, 특성

[동] 진단하다, 분석하다
The mechanic quickly diagnosed the fault.
그 기술자는 결함을 신속히 분석해 냈다.

conference
[kɑ́nfərəns / kɔ́n-]

[명] 회의, 협의(회)
I have an important conference at the Manhattan Hotel.
나는 맨해튼호텔에서 중요한 회의가 있다.

expose
[ikspóuz]
exposure [명] 폭로, 노출

[동] 드러내다, 노출하다, 폭로하다
They were incessantly exposed to external aggressions.
그들은 외부로부터의 침략에 끊임없이 노출되었다.

innovation
[ìnouvéiʃən]
innovate [동] 혁신하다
innovative [형] 혁신적인

[명] 혁신, 쇄신
Too many rules tend to stifle innovation.
너무나 많은 규칙은 혁신을 막는 경향이 있다.

district
[dístrikt]

[명] 지역, 구역, 지구
This district is mainly residential.
이 지역은 대부분 주택가이다.

regret
[rigrét]
regretful [형] 후회하는

[동] 후회하다, 유감으로 생각하다 [명] 후회, 유감
I don't regret what I said.
나는 내가 한 말을 후회하지 않는다.

commodity
[kəmɑ́dəti / -mɔ́d-]

[명] 생활용품, 필수품, 상품
The prices of commodities have gone down.
생활용품의 가격이 떨어졌다.

destination
[dèstənéiʃən]

[명] 목적지, 도착지
We haven't arrived our destination yet.
우리는 아직 목적지에 도착하지 못했다.

negotiate
[nigóuʃièit]
negotiation 명 교섭, 협상

동 협상[협정]하다
I'm negotiating for a new contract at the moment.
나는 지금 새 계약을 협상 중이다.

tiny
[táini]

형 작은, 조그마한
The tiny bathroom was just big enough for a shower.
그 조그만 욕실은 샤워하기에 딱 알맞다.

foster
[fɔ́(:)stər, fás-]

동 돌보다, 양육하다, 촉진하다   형 양육하는, 키워주는
She has five children of her own and yet fosters three
others. 그녀는 자기의 다섯 아이 외에 세 명의 양자를 양육한다.

inspire
[inspáiər]
inspiration 명 영감

동 고무하다, 격려하다, 영감을 주다
The leader's courage inspired confidence in others.
그 지도자의 용기는 다른 사람들에게 자신감을 불어넣었다.

revenue
[révənjùː]

명 세입, 수입원
Tourism is this town's main source of revenue.
관광 사업은 이 도시의 주 수입원이다.

square
[skwɛər]

명 정사각형, (거리의) 광장, 사각의 것[면]
A square has four equal sides.
정사각형은 네 변의 길이가 같다.

resort
[riːsɔ́ːrt]

명 휴양지 동 의지하다, 호소하다
The resort is located on the coast.
그 휴양지는 해변에 위치해 있다.

alternative
[ɔːltə́ːrnətiv, ǽl-]

명 양자택일, 대안 형 양자택일의, 대신하는
We were unable to recommend a suitable alternative.
우리는 적절한 대안을 추천해 줄 수가 없었다.

wisdom
[wízdəm]
wise 형 지혜로운

명 지혜, 현명함
We admire the wisdom of the ancient people.
우리는 옛날사람들의 지혜에 감탄한다.

annoy
[ənɔ́i]
annoying 형 귀찮은, 성가신

동 짜증나게 하다, 귀찮게 하다
Her ceaseless chatter began to annoy me.
그녀의 끊임없는 수다가 나를 짜증나게 했다.

residence
[rézidəns]
reside [동] 살다, 거주하다
resident [명] 거주자

[명] 거주, 주거
I'd like you to visit me during your residence in Seoul.
나는 당신이 서울에 거주하는 동안에 나를 방문해 주었으면 한다.

substance
[sʌ́bstəns]
substantial [형] 실질적인, 상당한

[명] 물질
This substance dissolves in water.
이 물질은 물에 녹는다.

embody
[embɑ́di / -bɔ́di]
embodiment [명]구체화

[동] (사상 등을)구체화하다
These ideas are embodied in the constitution.
이 이념들이 헌법에 구체화되어 있다.

hug
[hʌg]

[동] 껴안다 [명] 꼭 껴안음, 포옹
She hugged the baby to her bosom.
그녀는 아기를 품속에 꼭 껴안았다.

embarrass
[imbǽrəs, em-]
embarrassment [명] 당황
embarrassed [형] 당황한

[동] 당황하게하다
She embarrassed me by asking bothersome questions.
그녀는 성가신 질문을 해서 나를 당황하게 했다.

publish
[pʌ́bliʃ]

[동] 출판하다, 발표하다
The magazine is published once a month.
그 잡지는 한 달에 한 번 출판된다.

다의어

■ **bill**

1. 계산서, 청구서 2. 지폐 3. 법안

1. The man is calculating the bill.
   남자가 청구서를 계산하고 있다.
2. I have some bills in my pocket.
   나는 지폐 몇 장을 주머니에 가지고 있다.
3. The bill went through.
   그 법안이 통과되었다.

A. 아래 단어의 뜻을 쓰시오.

1. humiliate _____
2. monarch _____
3. indignation _____
4. confidence _____
5. dedicate _____
6. impudent _____
7. qualify _____
8. ripe _____
9. sequence _____
10. dumb _____
11. wonder _____
12. angle _____
13. pride _____
14. rotten _____
15. capability _____
16. lament _____
17. zealous _____
18. resign _____
19. monument _____
20. discard _____
21. survive _____
22. valid _____
23. heritage _____
24. ambiguous _____
25. withstand _____
26. destiny _____
27. ultimate _____
28. hostile _____
29. glitter _____
30. sufficient _____
31. wither _____
32. realm _____
33. oblige _____
34. request _____
35. altitude _____
36. frequent _____
37. drought _____
38. courtesy _____
39. diagnose _____
40. conference _____
41. expose _____
42. innovation _____
43. district _____
44. regret _____
45. commodity _____
46. destination _____
47. negotiate _____
48. tiny _____
49. foster _____
50. inspire _____

51. revenue _____ 52. square _____

53. resort _____ 54. alternative _____

55. wisdom _____ 56. annoy _____

57. residence _____ 58. substance _____

59. embody _____ 60. hug _____

61. embarrass _____ 62. publish _____

B. 빈칸에 알맞은 단어를 넣으시오.

1. It was _____ of her to answer like that.

   그녀가 그렇게 대답한 것은 뻔뻔스러웠다.

2. These recordings are in _____ and continuous.

   이 기록들은 연속되어 있고 이어진다.

3. The president _____ after 30 years of autocratic rule.

   그 대통령은 30년간의 독재 통치 끝에 사임했다.

4. He has _____ qualifications for a team captain.

   그는 팀의 주장으로서 충분한 자격이 있다.

5. He graciously acceded to our _____ .

   그는 친절하게도 우리의 요청을 따라 주었다.

6. Too many rules tend to stifle _____ .

   너무나 많은 규칙은 혁신을 막는 경향이 있다.

7. The prices of _____ have gone down.

   생활용품의 가격이 떨어졌다.

8. We were unable to recommend a suitable _____ .

   우리는 적절한 대안을 추천해 줄 수가 없었다.

9. I'd like you to visit me during your _____ in Seoul.

   나는 당신이 서울에 거주하는 동안에 나를 방문해 주었으면 한다.

10. These ideas are _____ in the constitution.

    이 이념들이 헌법에 구체화되어 있다.

11. The magazine is _____ once a month.

    그 잡지는 한 달에 한 번 출판된다.

■ A·B : 본문참조

15 All works and no play makes Jack a dull boy.
일만 시키고 놀지 못하게 하면 바보가 된다.

condemn
[kəndém]
condemnation 몡 비난, 유죄선고

동 비난하다, 유죄 판결을 내리다
They condemned him as traitor.
그들은 그를 배신자라고 비난했다.

---

revenge
[rivéndʒ]
revengeful 휑 복수심에 불타는

동 복수하다 명 설욕의 기회, 보복
The winner gave the looser his revenge at the next game.
승자는 패자에게 다음 게임에서 설욕의 기회를 주었다.

---

horrible
[hɔ́ːrəbəl, hár-]
horror 몡 공포, 전율
horrify 동 소름끼치게 하다

형 끔찍한
There was a horrible moment about two and a half years ago. 한 2년 반쯤 전에 정말 끔찍했던 순간이 있었다.

---

efficient
[ifíʃənt]
efficiency 몡 능률, 효율

형 능률적인, 효과적인
She gave me an impression as a very efficient person.
그녀는 내게 아주 능률적인 사람이라는 인상을 주었다.

---

gloomy
[glúːmi]
gloom 몡 어둠, 우울

형 우울한, 어두운
His future looks gloomy these days.
그의 미래는 요즘 어두워 보인다.

cordial
[kɔ́ːrdʒəl / - diəl]
cordiality [명] 진심, 정중함
cordially [부] 진심으로

[형] 진심에서 우러난
I would like to express my cordial thanks to her.
나는 그녀에게 진심에서 우러난 감사의 말을 전하고 싶습니다.

enforce
[enfɔ́ːrs]

[동] 강요하다, 시행[집행]하다
Health and safety laws are enforced by inspectors.
건강과 안전에 관한 법률은 감독관에 의해 집행된다.

moderate
[mɑ́dərət / mɔ́d-]
moderation [명] 적당함, 절제
moderately [부] 알맞게

[형] 적당한, 알맞은, 온건한
The plane is cruising at a moderate altitude.
비행기는 적당한 고도로 비행하고 있다.

impress
[imprés]
impression [명] 인상, 감명
impressive [형] 인상적인, 감명 깊은

[동] 감명을 주다
I was impressed by the dancer's graceful movements.
나는 무용수의 우아한 동작에 감동을 받았다.

sanitary
[sǽnətèri / -təri]
sanitation [명] 공중위생

[형] 위생적인, 청결한
Cholera thrives in poor sanitary conditions.
콜레라는 좋지 못한 위생 조건에서 창궐한다.

register
[rédʒəstər]
registry [명] 등록, 기재

[동] 등록하다, 기록하다 [명] 등록, 기록
Seminar participants were required to register by May 1.
세미나 참가자는 5월 1일까지 등록해야 했다.

nutrition
[njuːtríʃən]
nutritious [형] 영양분이 있는

[명] 영양, 영양물
Milk, meat, fruits, and vegetables provide good nutrition.
우유, 고기, 과일, 야채는 좋은 영양을 공급해 준다

animate
[ǽnəmèit]
animation [명] 생기, 만화영화
animated [형] 활기 있는, 활발한

[동] ~에 생기를 주다, 살리다
A smile suddenly animated her face.
미소를 짓자 갑자기 그녀의 얼굴에 생기가 났다.

illusion
[ilúːʒən]

[명] 환상, 착각
It looked round because of an optical illusion.
그것은 눈의 착각으로 둥글게 보였다.

remote
[rimóut]

[형] 먼, 멀리 떨어진
Birds and animals only inhabit in these remote islands.
이 멀리 떨어진 섬들에는 새와 동물들만이 산다.

crash
[kræʃ]

동 충돌하다, 추락하다　명 충돌, 굉음, 추락
Five cars were involved in the crash that happened late last night. 어젯밤 늦게 다섯 대의 차량이 충돌하는 사고가 발생했다.

modern
[mádərn / mɔ́d-]
modernize 동 현대화하다
modernization 명 현대화

형 현대의, 현대식의
Science has contributed much to modern technology.
과학은 현대 과학기술에 많은 기여를 했다.

formal
[fɔ́:rməl]
informal 반 비공식적인
formality 명 정식절차, 격식

형 형식적인, 공식적인
His politeness is merely formal.
그의 정중함은 단지 형식적일 뿐이다.

span
[spæn]

명 짧은 길이[거리, 기간]　동 손가락[눈]으로 재다
It has been achieved over a span of two years.
그것은 2년의 짧은 기간에 걸쳐 달성되었다.

thermometer
[θərmámitər / -mɔ́m-]

명 온도계
A thermometer shows a temperature.
온도계는 온도를 나타낸다.

invade
[invéid]
invasion 명 침입, 침해
invader 명 침략자

동 침입하다, 침략하다
Women everywhere are invading the spheres of men.
각 분야에 걸쳐 여자가 남자의 영역을 침범하고 있다.

contagion
[kəntéidʒən]
contagious 형 전염성의

명 전염, 감염
Cholera spreads by contagion.
콜레라는 접촉 전염으로 퍼진다.

tolerate
[tálərèit / tɔ́l-]

동 묵인하다, 참다
I can't tolerate your bad manners any longer.
나는 너의 나쁜 태도를 더 이상 못 참겠다.

entire
[entáiər]
entirely 부 아주, 완전히로

형 전체의, 완전한
The entire roads have been blocked up.
전체의 도로가 콱 막혀 있다.

irritate
[irətèit]
irritation 명 화가 남, 초조

동 짜증나게 하다, 화나게[초조하게] 하다
It irritates me to have to tidy up after others.
다른 사람의 뒤처리를 하는 것은 나를 짜증나게 한다.

security
[sikjúəriti]
secure 형 안전한
　　　　동 안전하게 하다

명 보안, 안전
It will be a threat to our security.
그것은 우리들의 보안을 위협하게 될 것이다.

complete
[kəmplíːt]
completion 명 완성
completely 부 완전히

형 완전한, 완벽한　동 완성하다, (목적을) 달성하다
There was complete concord among the delegates.
대표들 간에 완전한 의견의 일치를 보았다.

disappoint
[dìsəpɔ́int]
disappointment 명 실망
disappointing 형 실망시키는

동 실망시키다
The results have generally been disappointing.
지금까지의 결과는 대체로 실망을 주었다.

equipment
[ikwípmənt]
equip 동 (필요한 것을)갖추다,
　　　　설비하다

명 장비, 설비
The factory replaced old equipment with new.
그 공장은 낡은 설비를 새것으로 대체했다.

indifferent
[indífərənt]
indifference 명 무관심

형 무관심한, 마음에 두지 않는
He is indifferent to politics.
그는 정치에 대해 무관심하다.

temporary
[témpərèri / -rəri]
temporarily 부 일시적으로

형 일시적인, 임시의
The drop in sales is only a temporary blip.
매출 감소는 일시적 현상일 뿐이다.

■ bitter
1. 쓴　2. 쓰라린　3. 신랄한, 가혹한

1. This sugar smacks of a certain bitter.
   이 설탕은 어딘가 쓴맛이 난다.
2. The bitter experience rankled in our hearts.
   쓰라린 경험이 우리 가슴에 맺혔다.
3. Bitter words hurt me.
   신랄한 말은 나에게 상처를 주었다.

The best fish smell when they are three days old.
좋은 생선도 사흘이면 냄새 난다.

escape
[iskéip]

동 탈출하다, 달아나다 명 탈출, 도망
There was little possibility of escape.
탈출할 가능성은 거의 없었다.

famine
[fǽmin]

명 기근, 기아
Some parts of the world suffer regularly from famine.
세계의 일부 지역은 정기적으로 기근을 겪는다.

creed
[kriːd]

명 신조, 교리
It is our creed that we must help the poor.
가난한 사람들을 도와야 한다는 것이 우리의 신조이다.

rob
[rɑb / rɔb]
robber 명 도둑, 강도

동 (물건을)빼앗다
He was robbed of all his money and clothes.
그는 도둑에게 그가 가진 모든 돈과 옷을 빼앗겼다.

hatch
[hætʃ]

동 (알을) 까다, 부화하다
The eggs have started to hatch.
알이 부화하기 시작했다.

abound
[əbáund]
abundant 혱 풍부한
abundance 몡 풍부

동 풍부하다
This country has abounding natural resources.
이 나라는 자연 자원이 풍부하다.

virtue
[və́:rtʃuː]
virtuous 혱 덕망이 높은, 고결한

명 미덕, 장점
The whole village was impressed by his virtue.
온 마을이 그의 미덕에 감동했다.

collect
[kəlékt]
collection [몡]수집(품)

동 모으다, 수집하다
We collect used cans and papers to recycle.
우리는 사용한 캔과 종이를 재활용하기 위해 수집한다.

dialect
[dáiəlèkt]
dialectal 혱 방언의

명 사투리, 방언
They were speaking in southern dialect.
그들은 남부 사투리로 말하고 있었다.

wrap
[ræp]

동 ~을 싸다, 포장하다
The present was wrapped in a cardboard box.
그 선물은 판지 상자에 포장되어 있었다.

industry
[índəstri]
industrial 혱 공업의, 산업의
industrious 혱 근면한

명 산업, 근면, 공업
Tourism is the country's major industry.
관광업은 그 나라의 주요산업이다.

crime
[kraim]
criminal 혱 범죄의
        몡 범인, 범죄자

명 (법률상의)죄, 범죄
The police are looking for clues at the scene of the crime.
경찰이 범죄 현장에서 단서를 찾고 있다.

advance
[ədvǽns, -vá:ns, əd-]
advanced 혱 진보적인
advancement 몡 전진, 진보, 승진

동 전진하다, 진보하다, 승진시키다   명 전진, 진보
They could neither advance nor retreat.
그들은 전진도 후퇴도 할 수 없었다.

sneer
[sniər]

동 비웃다, 냉소하다 명 냉소, 경멸
He's always sneering at my suggestions.
그는 항상 내 제안을 비웃는다.

forgive
[fərgív]
forgiveness 몡 용서

동 용서하다
She never forgave him for his lie.
그녀는 그의 거짓말을 결코 용서하지 않았다.

concrete
[kánkriːt, kɑnkríːt]
abstract 반 추상적인

형 구체적인, 굳어진, 현실의
The police had no concrete evidence.
경찰은 구체적인 증거가 없었다.

divide
[diváid]
division 명 분할, 분배

동 나누다, 분류하다, 분할하다
The school years is divided into two semesters.
학년은 두 학기로 나누어져있다.

obvious
[ábviəs / ɔ́b-]
obviously 부 분명히, 명백하게.

형 명백한, 분명한
It is obvious that he will fail.
그가 실패한다는 것은 명백한 일이다.

cruel
[krúːəl]
cruelty 명 잔인한 행위

형 잔인한, 끔찍한
He was a cruel and capricious tyrant.
그는 잔인하고 변덕스러운 폭군이었다.

form
[fɔːrm]

명 모양, (문서)서식, 형태
What should be written on the back of the form?
서식의 뒷면에 무엇을 적어야 하나요?

status
[stéitəs, stǽtəs]

명 지위, 상태, 자격
His behavior does not comport with his status.
그의 행동은 지위에 어울리지 않는다.

reveal
[rivíːl]
revelation 명 폭로, 누설

동 드러내다, 누설하다
National intelligences were revealed.
국가 비밀 정보들이 누설되었다.

adjust
[ədʒʌ́st]
adjustment 명 적응, 조정

동 조절하다, 적응하다
She adjusted the shade of the floor lamp.
그녀는 스탠드 램프의 밝기를 조절했다.

divorce
[divɔ́ːrs]

명 이혼 동 이혼하다
Miseries are attendant upon divorce.
이혼에는 불행이 따른다.

method
[méθəd]

명 방법, 방식
I have no other method than this.
내게는 이것외의 다른 방법이 없다.

contend
[kənténd]

동 다투다, 논쟁하다, 주장하다
He contended with his friends about trifles.
그는 친구들과 하찮은 일로 논쟁했다.

distinguish
[distíŋgwiʃ]
distinction 명 구별, 특성
distinguished 형 유명한

동 구별하다, 분간하다
Reason distinguishes man from the animals.
이성에 의해 인간과 동물이 구별된다.

splash
[splæʃ]

동 (물·흙탕 따위를)튀다, 첨벙거리다
The mud splashed up to the windshield.
흙탕이 차 앞 유리창까지 튀었다.

enrich
[enrítʃ]
enrichment 명 풍부하게 함

동 부유하게 하다, 풍푸하게 하다
Foreign trade has enriched the country.
대외 무역이 그 나라를 부유하게 했다.

bend
[bend]

동 구부리다, 숙이다, 굴복하다   명 굽음, 몸을 굽힘
Now bend your body forward and hold your ankles.
이제 몸을 앞으로 구부려서 당신의 발목을 잡으세요.

frustrate
[frʌ́streit]
frustration 명 좌절
frustrated 형 좌절한

동 좌절시키다
The hard question on the test frustrated me.
그 어려운 시험 문제는 나를 좌절시켰다.

■ blow

1. (바람이) 불다 2. 강타, 충격

....

1. The wind is blowing from the east.
   동쪽에서 바람이 불어오고 있다.

2. He gave his enemy a deadly blow.
   그는 적에게 충격을 입혔다.

08 Review Test

A. 아래 단어의 뜻을 쓰시오.

1. condemn _____	2. revenge _____
3. horrible _____	4. efficient _____
5. gloomy _____	6. cordial _____
7. enforce _____	8. moderate _____
9. impress _____	10. sanitary _____
11. register _____	12. nutrition _____
13. animate _____	14. illusion _____
15. remote _____	16. crash _____
17. modern _____	18. formal _____
19. span _____	20. thermometer_____
21. invade _____	22. contagion _____
23. tolerate _____	24. entire _____
25. irritate _____	26. security _____
27. complete _____	28. disappoint _____
29. equipment _____	30. indifferent _____
31. temporary _____	32. escape _____
33. famine _____	34. creed _____
35. rob _____	36. hatch _____
37. abound _____	38. virtue _____
39. collect _____	40. dialect _____
41. wrap _____	42. industry _____
43. crime _____	44. advance _____
45. sneer _____	46. forgive _____
47. concrete _____	48. divide _____
49. obvious _____	50. cruel _____

51. form   _____   52. status   _____

53. reveal   _____   54. adjust   _____

55. divorce   _____   56. method   _____

57. contend   _____   58. distinguish   _____

59. splash   _____   60. enrich   _____

61. bend   _____   62. frustrate   _____

B. 빈칸에 알맞은 단어를 넣으시오.

1. There was a _____ moment about two and a half years ago.
한 2년 반쯤 전에 정말 끔찍했던 순간이 있었다.

2. The plane is cruising at a _____ altitude.
비행기는 적당한 고도로 비행하고 있다.

3. Milk, meat, fruits, and vegetables provide good _____ .
우유, 고기, 과일, 야채는 좋은 영양을 공급해 준다.

4. It looked round because of an optical _____ .
그것은 눈의 착각으로 둥글게 보였다.

5. Science has contributed much to _____ technology.
과학은 현대 과학기술에 많은 기여를 했다.

6. Women everywhere are _____ the spheres of men.
각 분야에 걸쳐 여자가 남자의 영역을 침범하고 있다.

7. Some parts of the world suffer regularly from _____ .
세계의 일부 지역은 정기적으로 기근을 겪는다.

8. This country has _____ natural resources.
이 나라는 자연 자원이 풍부하다.

9. She never _____ him for his lie.
그녀는 그의 거짓말을 결코 용서하지 않았다.

10. His behavior does not comport with his _____ .
그의 행동은 지위에 어울리지 않는다.

11. Reason _____ man from the animals.
이성에 의해 인간과 동물이 구별된다.

■ A·B : 본문참조

17 Experience is the best teacher.

경험이 최고의 스승이다.

금메달을 딴 소감 한마디.
많은 국제 시합의 경험이 최고의 스승이 였어요

textile
[tékstail, -til]

[명] 직물, 옷감, 섬유, 직물의 원료
Animal hair is widely used to make textiles.
동물의 털은 직물 재료로 널리 사용된다.

coward
[káuərd]
cowardice [명] 겁, 비겁
cowardly [형] 겁 많은

[명] 겁쟁이, 비겁한 자
He was denounced as a coward.
그는 겁쟁이라고 비난받았다.

barometer
[bərámitər / -rɔ́m-]

[명] 기압계, 지표, 척도
A barometer is used to measure the pressure of the atmosphere. 기압계는 기압을 재는 데 이용된다.

allow
[əláu]
allowance [명] 수당, 용돈, 참작

[동] 허락하다, 인정하다
We do not accept this, and we will not allow it.
우리는 이것을 받아들이지 않으며, 또 앞으로 허락하지도 않을 것이다.

sneeze
[sni:z]

[동] 재채기하다 [명] 재채기
She let out a loud sneeze.
그녀가 크게 재채기를 했다.

eager
[íːgər]
eagerness 몡 열심, 열망
eagerly 凈 열심히

혱 **열망하는, 열심인**
She was very eager to meet me.
그녀는 나를 만나기를 몹시 열망 했다.

graceful
[gréisfəl]
grace 몡 우아, 품위
gracious 혱 호의적인, 자비로운

혱 **우아한, 품위있는**
The audience gave applause to the graceful play.
관객들은 그 우아한 연극에 박수갈채를 했다.

debate
[dibéit]

몡 **토론, 논쟁** 동 **토론하다, 논쟁하다**
Education is the current focus of public debate.
교육이 최근 공개토론의 초점이다.

creep
[kriːp]

동 **기다, 포복하다, 살금살금 걷다**
The cat crept silently towards the bird.
고양이가 조용히 새를 향해 기어갔다.

trifle
[tráifəl]
trifling 혱 하찮은, 사소한

몡 **하찮은[사소한] 일, 소량**
Don't make a noise about such a trifle.
그런 사소한 일로 떠들지 마라.

humble
[hʌ́mbəl]

혱 **겸손한, 비천한, 초라한**
He is humble toward everybody.
그는 누구에게나 겸손하다.

disguise
[disgáiz]

동 **변장[가장]하다** 몡 **변장, 가장**
He put on spectacles and a false mustache for a disguise.
그는 안경과 가짜 수염으로 변장했다.

award
[əwɔ́ːrd]

몡 **상** 동 **상을 주다, 수여하다**
The film won an award for its photography.
그 영화는 촬영 부문상을 수상했다.

favor
[féivər]
favorite 혱 좋아하는, 마음에 드는

몡 **호의, 친절** 동 **호의를 보이다, 선호하다**
I am in favor of his opinion.
나는 그의 견해에 찬성한다.

attract
[ətrǽkt]
attractive 혱 매력이 있는
attraction 몡 매력, 끄는 힘

동 **(관심, 흥미를) 끌다, 매혹하다**
A good advertisement attracts people by its news value.
훌륭한 광고는 그 뉴스의 가치로 사람의 마음을 끈다.

candidate
[kǽndədèit, -dit-]

명 후보자
The candidate made an acceptance speech.
그 후보자는 수락 연설을 했다.

persecute
[pə́ːrsikjùːt]
persecution 명 박해, 학대

동 박해하다, 학대하다
They were persecuted for their religious beliefs.
그들은 신앙 때문에 박해를 받았다.

abandon
[əbǽndən]

동 버리다, 포기하다
He will never abandon hope.
그는 결코 희망을 버리지 않을 것이다.

spicy
[spáisi]
spice 명 양념

형 양념을 한, 향료를 넣은
I covered the noodles with spicy tomato sauce.
나는 국수에 양념한 토마토소스를 쳤다.

tribe
[traib]

명 부족, 종족
Savage tribes still live in some parts of the world.
아직도 세계의 일부 지역에는 미개 부족이 살고 있다.

fortune
[fɔ́ːrtʃən]
fortunate 형 운 좋은
fortunately 부 운 좋게도

명 운(명), 재산
Fortune smiled on us.
운명이 우리에게 미소 지었다.

reign
[rein]
reigning 형 군림하는, 행세하는

명 통치, 군림   동 군림[통치]하다
The king reigns, but he does not rule.
왕은 군림하나 통치하지 않는다.

government
[gʌ́vərnmənt]
govern 동 통치[지배]하다
governor 명 통치자,
(미국의) 주지사

명 정부, 통치(권), 지배(권)
They fought against the government for liberty.
그들은 자유를 위해 정부에 대항했다.

chilly
[tʃíli]
chill 명 추위, 냉기

형 (날씨가) 쌀쌀한, (태도가) 냉담한
The speech met with a chilly reception.
그 연설은 냉담한 반응을 받았다.

ventilate
[véntəlèit]
ventilation 명 통풍, 환기
ventilator 명 통풍장치

동 환기시키다
The fan ventilates the room.
그 선풍기는 방을 환기시켜 준다.

soak
[souk]

(동) 스며들다, 젖다, 잠기다
The water soaks the earth.
물이 지면에 스며든다.

bronze
[brɑnz / brɔnz]

(명) 청동(제품)
The church bell is made of bronze.
교회의 종은 청동으로 만들어졌다.

conspiracy
[kənspírəsi]
conspire (동) 공모하다

(명) 음모, 공모
The three men are accused of conspiracy.
그 세 사람은 음모를 꾸민 혐의로 기소됐다.

neighbor
[néibər]
neighborhood (명) 이웃, 근처

(명) 이웃, 이웃사람
I am on good terms with my neighbor.
나는 이웃과 좋은 사이로 지낸다.

subdue
[səbdʒúː]
subdued (형) 억제된, 부드러워진

(동) 진압[정복]하다, (분노 따위를)억제하다
Striking labors were subdued by riot police.
파업 근로자들은 폭동 진압 경찰에 의해 진압되었다.

■ **board**

1. 판자 2. 게시판 3. 위원회 4. 탑승하다

1. He pushed up on the board to get out.
   그는 나가기 위해 판자를 밀어 올렸다.

2. I stuck the notice on the board.
   나는 통고문을 게시판에 붙였다.

3. The board has come to order.
   위원회가 회의를 시작했다.

4. Please board the airplane now.
   지금 비행기에 탑승해 주십시오.

18

Out of sight, out of mind.
안보면 마음이 멀어진다.

blend [blend]	동 (뒤)섞다, 혼합하다 You need to blend all the ingredients for one minute. 모든 재료는 1분 동안 혼합해야 한다.
treaty [tríːti]	명 조약, 협정 We signed a peace treaty with them. 우리는 그들과 평화 조약에 서명했다.
devote [divóut] devotion 명 전념, 헌신	동 바치다, 전념하다 He devotes much time to reading. 그는 독서에 많은 시간을 전념한다.
choke [tʃouk]	동 숨이 막히다, 질식하다[시키다] The fumes almost choked me. 그 연기에 나는 거의 숨이 막힐 뻔했다.
penetrate [pénətrèit] penetration 명 관통, 통찰(력)	동 파악하다, 꿰뚫다 He seemed to be able to penetrate my thoughts. 그는 내 생각을 파악할 줄 아는 거 같았다.

electricity
[ilèktrísəti, ì:lek-]
electric 혱 전기의

몡 전기
The rent includes electricity, gas and hot water.
임대료에는 전기, 가스, 온수요금이 포함되어 있다.

---

clue
[klu:]

몡 단서, 실마리
He is looking for clues in the woods.
그는 숲 속에서 단서들을 찾고 있다.

---

royal
[rɔ́iəl]
royalty 몡 왕족, 특허권 사용료

혱 왕[여왕]의, 왕족의
The knight received a royal command to go to the castle.
그 기사는 성으로 가라는 왕의 명령을 받았다.

---

neglect
[niglékt]
negligent 혱 태만한
negligence 몡 태만, (부주의로
인한) 과실, 무관심

동 무시하다, 게을리 하다
He neglects his duty as a public servant
그는 공무원으로서의 본분을 게을리 한다.

---

barrier
[bǽriər]

몡 장벽, 장애(물)
There is an ideological barrier between us.
우리들 사이에는 이념적 장벽이 있다.

---

literature
[lítərətʃər, -tʃùər]
literary 혱 문학의, 문학적인

몡 문학
In those days I saturated myself in English literature.
그 시절 나는 영문학 연구에 전념하고 있었다.

---

savage
[sǽvidʒ]

혱 야만의, 사나운, 미개한 몡 야만인
He has a savage temper.
그는 사나운 성질을 가지고 있다.

---

derive
[diráiv]
derivation 몡 유래, 기원

동 ~을 얻다, 유래하다, 기원을 찾다
Many English words derive from Latin.
많은 영어 단어들이 라틴어에서 유래한 것이다.

---

terrific
[tərífik]

혱 무서운, 대단한, 지독한
Juvenile crime is increasing at a terrific rate.
청소년 범죄가 무서운 속도로 증가하고 있다.

---

obstruct
[əbstrʌ́kt]
obstruction 몡 방해, 차단

동 가로막다, 방해하다
The crowd obstructed the police in the discharge of
their duties. 군중이 경찰관의 직무집행을 방해했다.

restore
[ristɔ́:r]
restoration 몡 복구, 회복

동 회복하다, 복원하다
Law and order were quickly restored after the riots.
폭동 후에 법과 질서가 빠르게 회복되었다.

suffer
[sʌ́fər]

동 고통을 겪다, 괴로워하다, 경험하다, 견디다
The whole world suffers when there is a big war.
큰 전쟁이 나면 온 세상 사람들이 고통을 겪는다.

destructive
[distrʌ́ktiv]
destruction 몡 파괴
destroy 동 파괴하다

혱 파괴적인, 유해한
Small children can be very destructive.
어린아이들은 몹시 파괴적일 수 있다.

obscure
[əbskjúər]
obscurity 몡 모호함

혱 애매[모호]한, 무명의, 희미한
Their real intention is obscure.
그들의 진정한 의도는 애매하다.

prudent
[prú:dənt]

혱 신중한, 조심성 있는
He is prudent in his behavior.
그는 행동이 신중하다.

tremendous
[triméndəs]

혱 거대한, 엄청난, 무서운
It makes a tremendous difference.
그것은 엄청난 차이가 난다.

reproach
[ripróutʃ]
reproachful 혱 꾸짖는, 비난하는
reproachless 혱 비난의 여지가 없
는

동 비난하다, 꾸짖다 몡 비난
They reproached him for cowardice.
그들은 그가 비겁하다고 비난했다.

advertisement
[ӕdvərtáizmənt]
advertise 동 광고하다

몡 광고
She scanned the job advertisements in the paper.
그녀는 신문에 난 구인광고를 훑어보았다.

vocation
[voukéiʃən]
vocational 혱 직업의

몡 천직, 직업
He regards the teaching profession as a vocation.
그는 교직을 천직으로 여긴다.

classify
[klӕsəfài]
classification 몡 분류
classified 혱 분류된, 항목별의

동 분류하다, 구분하다
The books in the library are classified according to subject. 도서관에 있는 책들은 주제에 따라 분류되어 있다.

jealous
[dʒéləs]
jealousy 몡 질투, 시기

혱 **질투심 많은, 시샘하는**
His colleagues are jealous of his success.
그의 동료들은 그의 성공을 시샘한다.

humanity
[hju:mǽnəti]
human 혱 인간의, 인간적인
humanism 몡 인도주의 humanist
혱 인도주의자

몡 **인류, 인간성, 인간애**
Such a war would be disastrous for the human race.
그런 전쟁은 인류에게 참담한 결과를 가져올 것이다.

pension
[pénʃən]

몡 **연금, 장려금**
He lived on his pension after his retirement.
그는 퇴직한 후에 연금으로 생활했다.

revival
[riváivəl]
revive 됭 소생[부활]하다

몡 **소생, 부활**
Our economy is undergoing a revival.
우리의 경제가 지금 소생하고 있다.

awkward
[ɔ́:kwərd]

혱 **서투른, 어색한**
He is still awkward at handling chopsticks.
그는 아직도 젓가락질이 서투르다.

congress
[kǽŋgris / kɔ́ŋgris]
Congress 몡 (미국의) 국회

몡 **회의, 의회**
Congress officially contradicted the statement.
의회는 그 성명을 공식 부인했다.

■ book

1. 장부, 명부　2. 예약하다

1. He cooked the books to avoid paying tax.
　그는 탈세를 하려고 장부를 조작했다.

2. I booked a seat for the game.
　나는 경기를 보려고 좌석을 예약했다.

A. 아래 단어의 뜻을 쓰시오.

1. textile　＿＿＿＿＿＿　　2. coward　＿＿＿＿＿＿

3. barometer　＿＿＿＿＿＿　　4. allow　＿＿＿＿＿＿

5. sneeze　＿＿＿＿＿＿　　6. eager　＿＿＿＿＿＿

7. graceful　＿＿＿＿＿＿　　8. debate　＿＿＿＿＿＿

9. creep　＿＿＿＿＿＿　　10. trifle　＿＿＿＿＿＿

11. humble　＿＿＿＿＿＿　　12. disguise　＿＿＿＿＿＿

13. award　＿＿＿＿＿＿　　14. favor　＿＿＿＿＿＿

15. attract　＿＿＿＿＿＿　　16. candidate　＿＿＿＿＿＿

17. persecute　＿＿＿＿＿＿　　18. abandon　＿＿＿＿＿＿

19. spicy　＿＿＿＿＿＿　　20. tribe　＿＿＿＿＿＿

21. fortune　＿＿＿＿＿＿　　22. reign　＿＿＿＿＿＿

23. government　＿＿＿＿＿＿　　24. chilly　＿＿＿＿＿＿

25. ventilate　＿＿＿＿＿＿　　26. soak　＿＿＿＿＿＿

27. bronze　＿＿＿＿＿＿　　28. conspiracy　＿＿＿＿＿＿

29. neighbor　＿＿＿＿＿＿　　30. subdue　＿＿＿＿＿＿

31. blend　＿＿＿＿＿＿　　32. treaty　＿＿＿＿＿＿

33. devote　＿＿＿＿＿＿　　34. choke　＿＿＿＿＿＿

35. penetrate　＿＿＿＿＿＿　　36. electricity　＿＿＿＿＿＿

37. clue　＿＿＿＿＿＿　　38. royal　＿＿＿＿＿＿

39. neglect　＿＿＿＿＿＿　　40. barrier　＿＿＿＿＿＿

41. literature　＿＿＿＿＿＿　　42. savage　＿＿＿＿＿＿

43. derive　＿＿＿＿＿＿　　44. terrific　＿＿＿＿＿＿

45. obstruct　＿＿＿＿＿＿　　46. restore　＿＿＿＿＿＿

47. suffer　＿＿＿＿＿＿　　48. destructive　＿＿＿＿＿＿

49. obscure　＿＿＿＿＿＿　　50. prudent　＿＿＿＿＿＿

51. tremendous _____
52. reproach _____
53. advertisement_____
54. vocation _____
55. classify _____
56. jealous _____
57. humanity _____
58. pension _____
59. revival _____
60. awkward _____
61. congress _____

B. 빈칸에 알맞은 단어를 넣으시오.

1. We do not accept this, and we _____ not allow it.
   우리는 이것을 받아들이지 않으며, 또 앞으로 허락하지도 않을 것이다.

2. The audience gave applause to the _____ play.
   관객들은 그 우아한 연극에 박수갈채를 했다.

3. He put on spectacles and a false mustache for a _____ .
   그는 안경과 가짜 수염으로 변장했다.

4. A good advertisement _____ people by its news value.
   훌륭한 광고는 그 뉴스의 가치로 사람의 마음을 끈다.

5. I covered the noodles with _____ tomato sauce.
   나는 국수에 양념한 토마토소스를 쳤다.

6. The speech met with a _____ reception.
   그 연설은 냉담한 반응을 받았다.

7. I am on good terms with my _____ .
   나는 이웃과 좋은 사이로 지낸다.

8. There is an ideological _____ between us.
   우리들 사이에는 이념적 장벽이 있다.

9. Law and order were quickly_____ after the riots.
   폭동 후에 법과 질서가 빠르게 회복되었다.

10. She scanned the job _____ in the paper.
    그녀는 신문에 난 구인광고를 훑어보았다.

11. Our economy is undergoing a _____ .
    우리의 경제가 지금 소생하고 있다.

■ A·B : 본문참조

19

A black hen lays a white egg.
검은 암탉이 흰 알을 낳다.

male
[meil]

ⓝ 남성, 수컷 ⓐ 남성의, 수컷의
In most animals, the male is bigger than the female.
대부분의 동물들에 있어서 수컷이 암컷보다 크다.

---

occur
[əkə́:r]
occurrence ⓝ 발생, 사건

ⓥ 발생하다, 일어나다, 생각나다
The accident occurred last Sunday.
그 사고는 지난 일요일에 발생했다.

---

annual
[ǽnjuəl]
annually ⓐ 일 년마다

ⓐ 1년의, 해마다의
The annual medical checkup will be held this coming Tuesday. 해마다 실시하는 정기 건강검진이 돌아오는 화요일에 있을 예정이다.

---

promote
[prəmóut]
promotion ⓝ 승진, 촉진

ⓥ 승진시키다, 촉진하다
He was promoted to sales manager.
그는 판매부장으로 승진되었다.

---

consider
[kənsídər]
considerable ⓐ 중요한, 꽤 많은
consideration ⓝ 고려, 숙고

ⓥ 숙고하다, ~라고 생각하다
You must consider whether it will be worthwhile.
너는 그것이 그만한 가치가 있는지를 숙고해야 한다.

sweep
[swi:p]

[동] 쓸다, 청소하다, 휩쓸다 [명] 청소, 소탕
Someone is sweeping the sidewalk.
누군가 보도를 쓸고 있다.

contrast
[kántræst / kɔ́ntrɑ:st]

[동] 대조를 이루다 [명] 대조, 대비
This color contrasts well with green.
이 색깔은 녹색과 좋은 대조를 이룬다.

effort
[éfərt]

[명] 노력, 수고
We need a united effort.
우리는 단결된 노력이 필요하다.

appeal
[əpí:l]
appealing [형] 호소하는, 흥미를 끄는

[동] 호소하다, 간청하다 [명] 호소, 간청, 매력
The organization appealed to the government for financial support. 그 단체는 정부에 재정지원을 호소했다.

deserve
[dizə́:rv]

[동] ~할 만하다, 받을 가치가 있다
The problem deserves to be solved.
그 문제는 풀어 볼 만한 가치가 있다.

swift
[swift]

[형] 신속한, 빠른, 순식간의
The official response was swift.
공식적인 조치는 신속했다.

dynasty
[dáinəsti / dí-]

[명] 왕조, 명문
The war broke out during the Tudor dynasty.
그 전쟁은 튜더 왕조 시대에 일어났다.

conservative
[kənsə́:rvətiv]
conservatism [명] 보수주의

[형] 보수적인
It's an extremely conservative society.
그 사회는 매우 보수적인 사회이다.

ecology
[i:kálədʒi / -kɔ́l-]
ecologic [형] 생태학의
ecosystem [명] 생태계

[명] 생태학
Ecology deals with the relation of living things to their environment. 생태학은 생물과 환경 간의 관계를 다룬다.

dismay
[disméi]

[명] 당황, 낙담 [동] 당황하게 하다
He was dismayed to learn the truth.
그는 진상을 알고 당황했다.

cunning
[kʌ́niŋ]

⊗ 교활한, 약삭빠른 ⊗ 교묘함, 교활
The cunning fox hid under a bush.
교활한 여우는 덤불 밑에 숨었다.

gravitation
[grævətéiʃən]
gravitational ⊗ 중력의

⊗ 인력(작용), 중력
The ebb and flow of the tide are due to the gravitation of the moon. 조수의 간만은 달의 인력에 기인한다.

emperor
[émpərər]
empire ⊗ 제국
imperial ⊗ 제국의, 황제의

⊗ 황제
The Romans used to deify their emperors.
로마인들은 황제를 신격화했었다.

consequence
[kánsikwèns]
consequent ⊗ 필연의, 당연한

⊗ 결과, 중요성
He was fearful of the consequences.
그는 그 결과가 두려웠다.

professor
[prəfésər]

⊗ (대학)교수
He is wellknown professor in the college.
그는 그 학교에서 잘 알려진 교수이다.

oppress
[əprés]
oppression ⊗ 억압, 탄압
oppressive ⊗ 억압적인

⊗ 압박하다, 괴롭히다
A sense of failure oppressed him.
좌절감이 그를 압박했다.

maintain
[meintéin, mən-]

⊗ 유지하다, 주장하다, 지지하다
National galleries in Washington are maintained at public expense. 워싱턴에 있는 국립 미술관들은 공적 경비로 유지된다.

solid
[sálid / sɔ́l-]

⊗ 고체의, 견고한 ⊗ 고체
The bacteria decompose the impurities into a gas and solids. 박테리아가 불순물을 기체와 고체로 분해한다.

keen
[ki:n]

⊗ 예리한, 예민한
She has a keen insight into human character.
그녀는 사람의 성격을 꿰뚫어 보는 예리한 통찰력을 지니고 있다.

ample
[ǽmpl]
amplify ⊗ 확장하다

⊗ 넓은, 충분한
There was ample room for them in the boat.
배에는 그들이 탈 충분한 자리가 있었다.

hire
[háiər]

동 고용하다, 빌리다
We are not going to hire anymore people.
우리는 더 이상 사람을 고용하지 않을 것이다.

expire
[ikspáiər]
expiration 명 만기, 만료

동 끝나다, 만기가 되다
His term of office as Chairman expires at the end of June.
그의 의장 임기는 6월말이면 만기가 된다.

society
[səsáiəti]
social 형 사회의
sociable 형 사교적인

명 사회, (사회) 집단, 모임
The family is the basic unit of society.
가정은 사회의 기본 단위이다.

trap
[træp]

명 덫, 함정   동 덫으로 잡다
I found a rabbit caught in a trap.
나는 덫에 걸린 토끼를 발견했다.

generation
[dʒénəréiʃən]
generate 동 발생시키다

명 세대, 발생
A gap between two generations is inevitable.
두 세대 사이의 차이는 불가피하다.

flaw
[flɔ:]
flawless 형 흠 없는, 완전한

명 흠, 결함
The accident was caused by a flaw in the steering
mechanism. 사고는 조종 장치의 결함 때문에 일어났다.

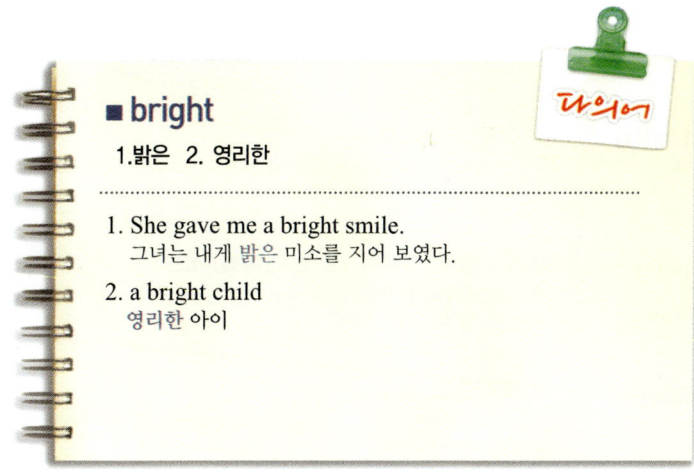

■ bright

1. 밝은 2. 영리한

1. She gave me a bright smile.
그녀는 내게 밝은 미소를 지어 보였다.

2. a bright child
영리한 아이

20 No pains, no gains.

고통 없이 얻어지는 것은 없다.

성형 수술하면
엄청 아프죠?
미인이 되려면
그쯤은 참아야지.

triumph
[tráiəmf]
triumphantly 부 의기양양하게

명 승리
It was the triumph of right over might.
그것은 힘에 대한 정의의 승리였다.

affirmative
[əfə́ːrmətiv]
affirm 동 긍정[단언]하다

형 긍정적인 명 확언, 긍정
You are affirmative to return good for evil.
악한 마음을 선으로 베풀다니 당신은 긍정적인 사람이군요.

curriculum
[kəríkjələm]

명 교육[교과]과정
They adopted a curriculum consisting of running, climbing and so on. 그들은 달리기, 기어오르기 등으로 구성되는 교육과정을 채택했다.

opponent
[əpóunənt]
oppose 동 반대[대항]하다

명 적, 상대, 반대자 형 반대[대립]하는
We shall push the opponents out of the way.
우리는 적들을 물리칠 것이다.

pavement
[péivmənt]

명 포장도로, 차도
It is difficult to keep your balance on an icy pavement.
빙판 차도에서는 균형을 유지하기가 어렵다.

exotic
[igzátik / -zɔ́t-]

형 외국의, 이국적인
She was attracted by his exotic features.
그녀는 그의 이국적인 용모에 끌렸다.

category
[kǽtəgɔ̀:ri / -gəri]
categorize 통 분류하다
categorical 형 범주에 속하는

명 범주, 종류, 부문
Occupations are grouped into discrete categories.
각각의 직업들은 서로 관련이 없는 여러 범주로 분류된다.

solemn
[sáləm / sɔ́l-]
solemnity 명 장엄, 엄숙

형 엄숙한, 장엄한
His appearance was solemn as an owl.
그의 외모는 올빼미처럼 몹시 엄숙했다.

minority
[minɔ́:riti, -nár-, mai]
minor 형 소수의, 사소한

명 소수, 소수파
The majority must respect the opinions of the minority.
다수는 소수의 의견을 존중해야 한다.

commence
[kəméns]

동 시작하다
The new trains will commence running next month.
새 열차는 다음 달부터 운행을 시작한다.

warranty
[wɔ́(:)rənti, wár-]
warrant 명 동 보증(하다)

명 보증(서)
The warranty lasts for two years.
품질 보증은 2년 간 유효하다.

opinion
[əpínjən]

명 의견
Diverse opinions were expressed at the meeting.
모임에서는 다양한 의견들이 나왔다.

shrewd
[ʃru:d]

형 빈틈없는, 약삭빠른
 She matured into a shrewd politician.
그녀는 빈틈없는 정치가로 완성되어 갔다.

construct
[kənstrʌ́kt]
constructive 형 건설적인
construction 명 건설, 구조

동 건설하다, 구성하다
They constructed fortresses along the shore.
그들은 해변 일대에 요새를 건설했다.

clap
[klæp]

동 (손뼉을)치다, 가볍게 치다[두드리다]   명 (찰싹, 쾅, 콰르릉하는)소리
She clapped her hands in delight.
그녀는 기뻐서 손뼉을 쳤다.

amount
[əmàunt]

몡 양, 총계[액] 동 (수, 양의) 총계가 ~에 달하다
The total amounts to thirty million won.
총액은 3천만 원이 된다.

differ
[dífər]

difference 몡 다름, 차이(점)

동 다르다
French differs from English in many respects.
프랑스어는 많은 점에서 영어와 다르다.

nominate
[námənèit / nɔ́m-]
nomination 몡 지명, 추천
nominative 혱 지명[지정]에 의한

동 (후보자로) 지명[임명]하다, 지정하다
The President nominated him as Secretary of State.
대통령은 그를 국무장관에 임명했다.

immortal
[imɔ́:rtl]
immortality 몡 불멸

혱 죽지 않는, 불멸의
Most people believed that the soul was immortal.
대부분의 사람들은 영혼은 죽지않는다고 믿었다.

luxury
[lʌ́kʃəri]
luxurious 혱 사치스러운

몡 사치, 사치품
I cannot afford such luxury.
나는 그런 사치를 할 여유가 없다.

commercial
[kəmə́:rʃəl]
commerce 몡 상업

혱 상업의 몡 광고 방송
He appeared in commercials and educational films.
그는 광고 방송과 교육 영화에 등장했다.

tempt
[tempt]
temptation 몡 유혹

동 유혹하다
Bad companions tempted him into wrong ways.
나쁜 친구들은 그를 잘못된 길로 유혹했다.

settle
[sétl]
settlement 몡 정착, 해결

동 정착하다, 해결하다
He decided to settle in the island permanently.
그는 이 섬에 정착하기로 결심했다.

random
[rǽndəm]

혱 닥치는 대로의, 임의의
He made a random collection of old stamps.
그는 옛날 우표를 닥치는 대로 수집했다.

major
[méidʒər]
majority 혱 대다수, 대부분

혱 주요한, 대부분의 동 전공하다 몡 전공
This is one of the major sources of energy.
이것은 에너지의 주요 공급원 중 하나이다.

statement
[stéitmənt]
state 통 진술하다

명 진술, 성명
He asserts that his statement is true.
그는 자기의 진술이 진실이라고 주장하고 있다.

edit
[édit]
editor 명 편집자

동 편집하다
He edited the copy all day long.
그는 하루 종일 원고를 편집했다.

controversy
[kántrəvə̀ːrsi]

명 논쟁, 논의
The question gave rise to much controversy.
그 문제는 많은 논쟁을 불러 일으켰다.

rescue
[réskjuː]

명 구조 동 구조하다
Police rescued people from the plane crash.
경찰이 비행기 사고로부터 사람들을 구조했다.

source
[sɔːrs]

명 근원, 출처
I got the information from a very reliable source.
나는 상당히 믿을 만한 출처로부터 정보를 얻었다.

yell
[jel]

동 큰소리를 지르다, 외치다 명 외침, 고함소리
She was yelling at the top of her voice.
그녀는 목청껏 큰소리를 지르고 있었다.

■ capital

다의어

1.수도, 중심지 2.자본(금) 3. 대문자

1. The tour takes in six European capitals.
   그 여행은 유럽 6개 수도를 방문한다.
2. Good health and energy are his capital.
   건강과 정력이 그의 자본이다.
3. In this sentence, the word BIG is in capitals.
   이 문장에서 단어 BIG은 대문자로 쓰여 있다.

A. 아래 단어의 뜻을 쓰시오.

1. male	2. occur
3. annual	4. promote
5. consider	6. sweep
7. contrast	8. effort
9. appeal	10. deserve
11. swift	12. dynasty
13. conservative	14. ecology
15. dismay	16. cunning
17. gravitation	18. emperor
19. consequence	20. professor
21. oppress	22. maintain
23. solid	24. keen
25. ample	26. hire
27. expire	28. society
29. trap	30. generation
31. flaw	32. triumph
33. affirmative	34. curriculum
35. opponent	36. pavement
37. exotic	38. category
39. solemn	40. minority
41. commence	42. warranty
43. opinion	44. shrewd
45. construct	46. clap
47. amount	48. differ
49. nominate	50. immortal

51. luxury   _____   52. commercial _____

53. tempt   _____   54. settle   _____

55. random   _____   56. major   _____

57. statement   _____   58. edit   _____

59. controversy _____   60. rescue   _____

61. source   _____   62. yell   _____

B. 빈칸에 알맞은 단어를 넣으시오.

1. This color _____ well with green.
   이 색깔은 녹색과 좋은 대조를 이룬다.

2. It's an extremely _____ society.
   그 사회는 매우 보수적인 사회이다.

3. The ebb and flow of the tide are due to the _____ of the moon.
   조수의 간만은 달의 인력에 기인한다.

4. The bacteria decompose the impurities into a gas and _____ .
   박테리아가 불순물을 기체와 고체로 분해한다.

5. A gap between two _____ is inevitable.
   두 세대 사이의 차이는 불가피하다.

6. You are _____ to return good for evil.
   악한 마음을 선으로 베풀다니 당신은 긍정적인 사람이군요.

7. She was attracted by his _____ features.
   그녀는 그의 이국적인 용모에 끌렸다.

8. French _____ from English in many respects.
   프랑스어는 많은 점에서 영어와 다르다.

9. Bad companions _____ him into wrong ways.
   나쁜 친구들은 그를 잘못된 길로 유혹했다.

10. This is one of the _____ sources of energy.
    이것은 에너지의 주요 공급원 중 하나이다.

11. The question gave rise to much _____ .
    그 문제는 많은 논쟁을 불러 일으켰다.

■ A·B : 본문참조

21

He catches the wind with a net.
그물로 바람을 잡는다.

---

deficient
[difíʃənt]
deficiency 명 결핍, 부족

형 **부족한**, 불충분한
She is deficient in common sense.
그녀는 상식이 부족하다.

---

plead
[pli:d]
plea 명 탄원, 변명

동 **간청[탄원]하다**, 변호하다
They pleaded with me to change my opinion.
그들은 내게 의견을 바꾸라고 간청했다.

---

shuttle
[ʃʌ́tl]

명 **(열차·버스 등의 근거리)왕복 운행** 동 **(정기적으로)왕복하다**
There's a shuttle service between airport and hotel.
공항과 호텔 사이에 정기 왕복 운행 교통편이 있다.

---

describe
[diskráib]
description 명 묘사, 설명

동 **묘사하다**, 설명하다
Can you describe what he looked like?
그의 인상착의에 대해서 묘사해 주겠어요?

---

arrest
[ərést]

동 **체포하다**, 구속하다 명 **체포**, 구속
The officers are arresting a suspect.
경찰관은 용의자를 체포하고 있다.

civil
[sívəl]
civilian 몡 민간인 혭 민간의

혭 **시민의, 민간의, 정중한**
Every citizen has civil rights and duties.
모든 시민은 시민의 권리와 의무를 갖고 있다.

phase
[feiz]

몡 **단계, 국면**
The revolution entered a new phase.
혁명은 새로운 단계에 들어갔다.

fund
[fʌnd]

몡 **기금, 자금**
They raised a scholarship fund.
그들은 장학 기금을 모금했다.

slavery
[sléivəri]
slave 몡 노예

몡 **노예제도, 노예 상태**
Lincoln wished to abolish Negro slavery.
링컨은 흑인 노예제도를 철폐하고 싶어 했다.

accurate
[ǽkjərit]
accuracy 몡 정확, 정밀

혭 **정확한**
His account is very accurate.
그의 설명은 매우 정확하다.

intricate
[íntrəkit]

혭 **뒤얽힌, 복잡한, 난해한**
The plot of this story is very intricate.
이 소설의 줄거리는 복잡하다.

retreat
[ri:trí:t]

동 **물러가다, 후퇴하다** 몡 **후퇴**
The enemy made a retreat ten miles from the border.
적은 국경에서 10마일을 후퇴했다.

wrinkle
[ríŋkəl]

몡 **주름(살), 구김(살)** 동 **주름을 잡다**
She's beginning to get wrinkles around her eyes.
그녀는 눈 주위에 주름살이 생기기 시작했다.

flexible
[fléksəbəl]
flexibility 몡 유연성
flexibly 뿐 유연하게

혭 **유연성이 있는, 구부리기 쉬운, 융통성이 있는**
Rubber and plastic are flexible materials.
고무와 플라스틱은 유연성이 있는 물질이다.

sympathy
[símpəθi]
sympathetic 혭 동정적인

몡 **동정, 연민, 동감**
I don't expect any sympathy from them.
나는 그들에게서 어떤 동정도 기대하지 않는다.

graduate
[grǽdʒuèit, -it]
graduation 명 졸업

동 졸업하다　명 (대학) 졸업자
He will graduate from college soon.
그는 머지않아 대학을 졸업한다.

product
[prádəkt, -dʌkt]
produce 동 생산하다
producer 명 생산자, 제작자

명 제품, 생산물
The product was brought from Paris.
그 제품은 파리에서 가져온 것이다.

carefree
[kɛ́ərfrìː]

형 걱정 없는, 태평한
They gave the impression of a carefree couple.
그들은 근심 없는 부부라는 인상을 주었다.

racial
[réiʃəl]

형 인종의, 민족의, 종족의
He fought in his lifetime to achieve racial equality.
그는 인종적 평등을 성취하기 위해 일생 동안 투쟁했다.

surplus
[sə́ːrplʌs, -pləs]

명 나머지, 잔여, 과잉　형 나머지의
The surplus rice is stored in warehouse.
나머지 쌀은 창고에 보관되어 있다.

trace
[treis]

명 자취, 흔적　동 자국을 밟다, 추적하다
The ship had vanished without trace.
그 배는 흔적도 없이 사라지고 없었다.

celebrate
[séləbrèit]
celebration 명 축하[행사]

동 축하하다
We celebrated our wedding anniversary in an expensive
restaurant. 우리는 비싼 식당에서 결혼기념일을 축하했다.

deliberate
[dilíbərèit]
deliberation 명 숙고
deliberately 부 신중히, 일부러

형 신중한, 계획적인
I deliberated what action to take.
나는 어떤 행동을 취해야 할지 신중히 생각했다.

faint
[feint]
faintly 부 희미하게, 어렴풋이

형 희미한, 약한, 어지러운　동 기절하다　명 기절
We saw the faint outline of the mountain through the mist.
우리는 안개 속에서 희미한 산의 윤곽을 보았다.

role
[roul]

명 (배우의) 배역, 역할, 임무
He played a double role in the play.
그는 그 연극에서 1인 2역을 했다.

cease [si:s]	동 중지하다, 그만두다 All operations ceased after the mechanical breakdown. 기계가 고장이 나서 모든 작업은 중지되었다.
quarrel [kwɔ́:rəl, kwɑ́r-]	동 말다툼하다 명 말다툼, 언쟁 They always quarrel with each other about trifles. 그들은 항상 하찮은 일로 말다툼한다.
brief [bri:f] brevity 명 간결	형 짧은, 간결한 A brief life in this world was her portion. 짧은 생애가 그녀에게 주어진 운명이었다.
rare [rɛər] rarely 부 드물게, 좀처럼 ~않다	형 드문, 희귀한 The rare pictures were sold at a high figure. 희귀한 그림들은 고가로 팔렸다.
friction [fríkʃən]	명 마찰, 불화 Friction has developed among them. 그들 사이에 불화가 생겼다.
particular [pərtíkjələr] particularly 부 특히	형 특별한, 특유의 He absented himself from school without any particular reason. 그는 특별한 이유도 없이 학교에 안 갔다.

■ **case**

1.경우 2.사건, 소송 3.상자

1. In case of fire, ring the alarm bell.
   불이 날 경우에는 경보를 울려라.

2. The case comes before the court next week.
   그 사건은 다음 주에 법정에서 다뤄진다.

3. The ring is in the brown case.
   그 반지는 갈색 상자 안에 있다.

22 Go home and kick the dog.

종로에서 뺨맞고 한강에 가서 화풀이 한다.

feeble [fíːbəl]

[형] 연약한, (빛 · 효과 등이) 미약한

Superstition is the religion of feeble minds.
미신은 연약한 마음들이 믿는 종교이다.

tame [teim]

[동] 길들이다 [형] 길들여진

She tames a lion for the circus.
그녀는 서커스를 할 사자를 길들인다.

swamp [swɑmp / swɔmp]

[명] 늪, 습지

The swamp was too moist for cultivation.
그 늪은 경작하기엔 너무 습했다.

confess [kənfés]
confession [명] 고백, 고해

[동] 고백[자백]하다, 고해하다

Torture is used to make people confess.
고문은 사람들로 하여금 자백하게 하기 위해 이용된다.

passage [pǽsidʒ]

[명] (글의)한 구절, 통행, 통과

The teacher dictated a passage to the class.
선생님은 학급학생들에게 한 구절을 받아쓰게 했다.

frontier
[frʌntíər, frʌntíər]

® 국경, (지식, 학문 등의) 미개척 영역
Nepal has frontiers with both India and China.
네팔은 인도와 중국과 국경을 접하고 있다.

soil
[sɔil]

® 흙, 땅, 토양
She stamped the soil down around the plant.
그녀는 나무 주위의 흙을 발로 다져 주었다.

utilize
[júːtəlàiz]
utilization ® 이용

® 이용하다
We can utilize the sun as an energy source.
우리는 태양을 에너지원으로 이용할 수 있다.

warn
[wɔːrn]
warning ® 경고

® 경고하다
He warned me not to make hasty decisions.
그는 나에게 성급한 결정을 하지 않도록 경고했다.

connect
[kənékt]
connection ® 연결, 접속

® 연결하다, 관련시키다, 연상하다
Can you connect me to sales department?
영업부로 연결해 주시겠어요?

democracy
[dimάkrəsi / -mɔ́k-]
democratic ® 민주적인, 민주의

® 민주주의, 민주정치
Fulfilling responsibility is fundamental to democracy.
의무의 이행은 민주주의의 기본이다.

fiber
[fáibər]

® 섬유(질)
As a general rule, the thiner the fiber, the more expensive
it is. 일반적으로 섬유가 가늘면 가늘수록 더 비싸다.

religion
[rilídʒən]
religious ® 종교의, 종교적인

® 종교
Religion has much influence in reshaping the way people
think. 종교는 사람들이 생각하는 방식을 고치는 데 큰 영향을 끼친다.

sane
[sein]
sanity ® 제정신, 건전함

® 제정신의, 온건한
It's hard to stay sane under such awful pressure.
이런 지독한 압박감 속에서 제정신을 지키는 것은 어려운 일이다.

inhabit
[inhǽbit]
inhabitant ® 거주자, 주민, 서식
동물

® 살다, 거주하다, 서식하다
A large number of animals inhabit this forest.
이 숲에는 많은 동물들이 살고 있다.

complex
[kəmpléks, kámpleks]
complexity 명 복잡(성)

형 복잡한, 어려운
That company has a complex system.
저 회사는 복잡한 체계를 가지고 있다.

scold
[skould]

동 꾸짖다, 잔소리하다
His mother scolded him for being naughty.
어머니는 그의 나쁜 행실을 꾸짖었다.

rational
[ráʃənl]
rationalize 동 합리화하다

형 이성적인, 합리적인
Man is a rational being.
인간은 이성적인 존재이다.

analyze
[ǽnəlàiz]
analysis 명 분석

동 분석하다, 분해하다
He analyzed the sentences grammatically.
그는 문장들을 문법적으로 분석했다.

scare
[skɛər]
scared 형 겁먹은
scary 형 겁 많은, 무서운

동 겁을 주다, 위협하다
He was so scared that he could not run away.
그는 너무 겁이 나서 도망갈 수 없었다.

whistle
[hwísəl]

동 휘파람을 불다   명 휘파람, 호각
The wind sounds like a whistle.
바람이 휘파람처럼 소리가 난다.

startle
[stá:rtl]

동 깜짝 놀라다, 깜짝 놀라게 하다
I startled at the knocking at midnight.
나는 한밤중에 문 두드리는 소리에 깜짝 놀랐다.

welfare
[wélfɛ̀ər]

명 복지, 후생
National welfare is the object of politics.
국민의 복지가 정치의 목적이다.

depressed
[diprést]
depression 명 의기소침, 불경기

형 의기소침한, 우울한, 불경기의
She's been depressed since the break with her boyfriend.
그녀는 남자친구와의 결별 이후 의기소침해 있다.

scarce
[skɛərz]
scarcity 명 부족, 결핍
scarcely 부 거의~하지 않다

형 드문, 부족한
Fruit is always scarce in winter, and cost a lot.
겨울에는 항상 과일이 부족하며 값도 비싸다.

sorrow
[sárou, sɔ́ːr-]
sorrowful 휑 슬픈, 슬퍼하는

명 슬픔
The victims were more in sorrow than in anger.
희생자들은 노여움보다는 슬픔으로 가득 찼다.

render
[réndər]

동 ~되게 하다, 주다, 표현하다   명 집세
She rendered me a valuable service.
그녀는 나에게 큰 도움을 주었다.

investigate
[invéstəgèit]
investigation 명 조사, 연구
investigative 휑 연구의, 조사의

동 조사하다, 연구하다
The police investigated the cause of the accident.
경찰은 사고 원인을 조사했다.

skin
[skin]

명 피부, 껍질, (동물의) 가죽
This cream will cleanse your skin.
이 크림이 당신의 피부를 청결하게 해줄 것이다.

poison
[pɔ́izən]
poisonous 휑 유독한

명 독(약)   동 독살하다, 독을 쓰다
These snakes have a deadly poison.
이 뱀들은 치명적인 독이 있다.

anniversary
[æ̀nəvə́ːrsəri]

명 기념일
Today is our wedding anniversary.
오늘은 우리의 결혼기념일이다.

■ casual

1.우연한 2. 평상복의 3.무심코 한, 무심결의

1. It was a casual meeting.
   그것은 우연한 만남이었다.

2. Dress is casual.
   복장은 평상복의 차림입니다.

3. a casual remark .
   무심코 한 말

11 Review Test

A. 아래 단어의 뜻을 쓰시오.

1. deficient _____
2. plead _____
3. shuttle _____
4. describe _____
5. arrest _____
6. civil _____
7. phase _____
8. fund _____
9. slavery _____
10. accurate _____
11. intricate _____
12. retreat _____
13. wrinkle _____
14. flexible _____
15. sympathy _____
16. graduate _____
17. product _____
18. carefree _____
19. racial _____
20. surplus _____
21. trace _____
22. celebrate _____
23. deliberate _____
24. faint _____
25. role _____
26. cease _____
27. quarrel _____
28. brief _____
29. rare _____
30. friction _____
31. particular _____
32. feeble _____
33. tame _____
34. swamp _____
35. confess _____
36. passage _____
37. frontier _____
38. soil _____
39. utilize _____
40. warn _____
41. connect _____
42. democracy _____
43. fiber _____
44. religion _____
45. sane _____
46. inhabit _____
47. complex _____
48. scold _____
49. rational _____
50. analyze _____

51. scare _____   52. whistle _____

53. startle _____   54. welfare _____

55. depressed _____   56. scarce _____

57. sorrow _____   58. render _____

59. investigate _____   60. skin _____

61. poison _____   62. anniversary _____

B. 빈칸에 알맞은 단어를 넣으시오.

1. She is _____ in common sense.
   그녀는 상식이 부족하다.

2. Every citizen has _____ rights and duties.
   모든 시민은 시민의 권리와 의무를 갖고 있다.

3. Rubber and plastic are _____ materials.
   고무와 플라스틱은 유연성이 있는 물질이다.

4. He fought in his lifetime to achieve _____ equality.
   그는 인종적 평등을 성취하기 위해 일생 동안 투쟁했다.

5. A _____ life in this world was her portion.
   짧은 생애가 그녀에게 주어진 운명이었다.

6. Torture is used to make people _____ .
   고문은 사람들로 하여금 자백하게 하기 위해 이용된다.

7. We can _____ the sun as an energy source.
   우리는 태양을 에너지원으로 이용할 수 있다.

8. _____ has much influence in reshaping the way people think.
   종교는 사람들이 생각하는 방식을 고치는 데 큰 영향을 끼친다.

9. He was so _____ that he could not run away.
   그는 너무 겁이 나서 도망갈 수 없었다.

10. She's been _____ since the break with her boyfriend.
    그녀는 남자친구와의 결별 이후 의기소침해 있다.

11. The police _____ the cause of the accident.
    경찰은 사고 원인을 조사했다.

■ A·B : 본문참조

23 Good luck alternates with misfortune.
행운은 불행과 번갈아 일어난다.

---

indicate
[índikèit]
indication 몡 지시, 표시

동 **나타내다, 가리키다**
The speedometer indicates the speed of a car.
속도계는 자동차의 속도를 나타낸다.

---

reproduce
[rì:prədjú:s]
reproduction 몡 재생, 복제

동 **번식하다, 재생하다, 복사하다**
Most plants reproduce by seed.
대부분의 식물은 종자에 의해 번식한다.

---

conflict
[kánflikt / kɔ́n-]

몡 **투쟁, 갈등, 대립** 동 **대립하다, 충돌하다**
The best way to avoid conflict is to compromise.
갈등을 피하는 가장 좋은 방법은 타협이다.

---

mode
[moud]

몡 **양식, 방법**
The progress of science has changed our mode of living.
과학의 진보는 우리들의 생활양식을 바꿔 놓았다.

---

remark
[rimá:rk]
remarkable 혭 주목할 만한

동 **의견을 말하다, 주목하다** 몡 **의견, 논평**
Please confine your remarks to the fact.
그 사실에 한해서 의견을 말해주세요.

sigh
[sai]

[동] 한숨을 쉬다, 탄식하다 [명] 한숨, 탄식
Every one breathed a sigh of relief.
모두들 안도의 한숨을 쉬었다.

experiment
[ikspérəmənt]
experimental [형] 실험의

[명] 실험 [동] 실험하다
The experiment was a success at last.
그 실험은 마침내 성공했다.

tide
[taid]
tidal [형] 조수의

[명] 조수, 풍조
The tide is making fast.
조수가 점점 밀려들어오고 있다.

frost
[frɔːst / frɔst]

[명] 서리
The windows were all frosted up.
창문에 모두 서리가 끼어 있었다.

superficial
[sùːpərfíʃəl]
superficially [부] 표면적[피상적]으로

[형] 표면(상)의, 피상적인, 천박한
His analysis of the situation is too superficial.
그의 상황 분석은 너무 피상적이다.

eliminate
[ilímənèit]
elimination [명] 제거

[동] 제거하다, 배제하다
Eliminate all errors from the manuscript.
원고에서 틀린 것을 모두 제거해라.

contemplate
[kɑ́ntəmplèit]
contemplation [명] 숙고, 응시

[동] 심사숙고하다, 응시하다
He contemplated the problem in all its aspects.
그는 그 문제를 모든 면에서 심사숙고했다.

polish
[pɑ́liʃ / pɔ́l-]

[동] ~을 닦다, 광을 내다
She polished the furniture with a dry cloth.
그녀는 가구를 마른 천으로 문질러 광을 냈다.

moan
[moun]

[동] 신음하다 [명] 신음(소리), 불평
He gave a moan of pain.
그는 괴로움의 신음 소리를 냈다.

excel
[iksél]
excellent [형] 우수한, 뛰어난
excellence [명] 우수, 뛰어남

[동] 탁월하다, 뛰어나다
He excels others in character.
그는 인격이 남보다 탁월하다.

sort
[sɔːrt]

몡 종류, 부류 동 분류하다
You are too young for that sort of part time job.
너는 이런 종류의 아르바이트를 하기에는 너무 어리다.

geometry
[dʒiːámətri / dʒiɔ́m-]
geometrical 혱 기하학의

몡 기하학
He majored in geometry.
그는 기하학을 전공했다.

verse
[vəːrs]
versed 혱 ~에 정통한

몡 운문, 시, (시의) 한 행
I boomed out the verses.
나는 큰소리로 시를 낭송했다.

sentiment
[séntəmənt]
sentimental 혱 감상적인

몡 감정, 감상
There is no place for sentiment in competition.
승부에 감정은 금물이다.

naked
[néikid]

혱 벌거벗은, 나체의
Both the boys were naked, and were not ashamed.
소년들은 둘 다 벌거벗었으나 부끄러워하지 않았다.

extreme
[ikstríːm]
extremely 閏 극도로

혱 극단적인 몡 극단
He has extreme views.
그는 극단적인 견해를 가지고 있다.

relate
[riléit]
related 혱 관계가 있는
relation 몡 관계, 친척
relationship 몡 관계

동 말하다, 관련시키다
He related his version of the incident.
그는 그 사건에 대한 자기의 의견을 말했다.

superior
[səpíəriər, su-]
superiority 몡 우월, 우위

혱 (보다)위의, 우세한, 우수한 몡 윗사람
Our army is superior to the enemy in numbers.
우리군대가 병력면에서는 적군보다 우세하다.

grant
[grænt, grɑːnt]

동 승인하다, 주다, 인정하다
He granted permission for the project.
그는 그 기획을 추진해도 좋다는 승인을 받았다.

intelligent
[intélədʒənt]
intelligence 몡 지혜, 지능

혱 지적인, 영리한, 총명한
She is the most intelligent in her class.
그녀는 그녀의 반에서 가장 영리하다.

flatter
[flǽtər]
flattery 몡 아첨

동 **아첨하다**, **치켜세우다**, 우쭐하게 하다
They flattered him into contributing heavily to the foundation. 그들은 그를 치켜세워 재단에 거액의 기부를 하게 했다.

occupation
[àkjəpéiʃən / ɔ̀k-]
occupy 동 차지하다, 종사하다

몡 **직업**, 점유
He has no regular occupation.
그는 일정한 직업이 없다.

soul
[soul]

몡 **영혼**
We prayed that his soul may rest in peace.
우리는 그의 영혼이 평안하기를 기도했다.

project
[prɔdʒékt]

몡 **계획**, 기획, 연구과제 동 **기획하다**, 투영하다
Despite the concerns, the project looks set to go ahead.
일부의 우려에도 아랑곳하지 않고 그 계획은 진척되고 있다.

harm
[hɑːrm]
harmful 톙 해로운

동 **해치다** 몡 **해**, 손해
We are not willing to do things that will harm their interests. 우리는 그들의 이익을 해치는 일을 하지 않을 것이다.

■ change

다의어

1.바꾸다, 교환하다 2.변하다 3.변화 4.잔돈

1. My mood changed from despair to hope.
   내 기분은 절망에서 희망으로 바뀌었다.

2. The leaves change colour in the autumn.
   가을에는 나뭇잎의 색깔이 변한다.

3. Change is the key to success.
   변화가 성공의 열쇠이다.

4. I looked into my purse for some change.
   나는 잔돈을 찾느라 내 지갑을 들여다보았다.

24

He who knows nothing, doubts nothing.
아는 것이 없으면 궁금한 것도 없는 법이다.

---

sue
[su:, sju:]

동 소송을 제기하다, 고소하다
She sued him for a large sum of money.
그녀는 그를 상대로 많은 액수의 배상 소송을 제기했다.

---

overwhelm
[òuvərhwélm]
overwhelming 형 압도적인

동 압도하다
They overwhelmed me with questions.
그들은 질문공세를 펴서 나를 압도했다.

---

curse
[kəːrs]
cursed 형 저주받은

동 저주하다, 악담하다 명 저주, 악담
He's the only person who have survived the killing curse. 그는 죽음의 저주에서 살아남은 유일한 사람입니다.

---

hypothesis
[haipáθəsis / -pɔ́θ-]
hypothetical 형 가설의

명 가설
We find much evidence converging to support the hypothesis. 우리는 그 가설을 뒷받침해 주는 많은 증거가 있다.

---

dim
[dim]

형 어둑한, 희미한 동 어둑해지다, 희미해지다
Suddenly, the lights in the room dimmed twice and then went out. 갑자기 실내의 등이 두 번 어둑해지더니 꺼져버렸다.

awful
[ɔ́ːfəl]
awe ® 경외, 두려움
awfully ® 아주, 굉장히

® 끔찍한, 무서운, 지독한
The situation is awful for all of us.
상황은 우리 모두에게 끔찍하다.

dip
[dip]

® 담그다, 적시다, 퍼내다
The boys are dipping their feet in the shallow stream.
소년들은 얕은 시냇물에 발을 담그고 있다.

merge
[məːrdʒ]

® 합병[통합]하다, 점차~으로 바뀌다
They decided to merge the two companies into one.
그들은 두 회사를 하나로 합병하기로 결정했다.

serene
[siríːn]
serenity ® 고요함, 청명

® 고요[조용]한, 화창한
She looked as calm and serene as she always did.
그녀는 항상 그랬듯이 차분하고 조용해 보였다.

trust
[trʌst]
trustworthy ® 신뢰할 수 있는

® 신용, 신뢰 ® 믿다, 신뢰하다
You must trust in your own judgement.
너는 네 자신의 판단을 믿어야 한다.

passive
[pǽsiv]

® 수동적인, 소극적인
All of life is made up of the passive and the active.
모든 삶은 능동적인 것과 수동적인 것으로 구성되어 있다.

illustrate
[íləstrèit, ilʌ́streit]
illustration ® 삽화, 실례, 예증

® (실례, 도해 따위로) 설명하다, 삽화[설명도]를 넣다
The chart illustrates how the body works.
그 도표는 신체의 기능을 설명하고 있다.

structure
[strʌ́ktʃər]
structural ® 구조의

® 구조, 조직
The structure of the banking system is changing.
은행 체계의 구조는 변하고 있다.

timber
[tímbər]

® 재목
Heavy timbers supported the floor above.
굵은 재목들이 위층을 지탱하고 있었다.

craft
[kræft, krɑːft]
craftsman ® 기능공

® 기능, 공예, 선박, 항공기
We learned our craft from the top engineers.
우리는 우리의 기능을 일류 기술자들한테 배웠다.

blame
[bleim]

동 비난하다, 나무라다   명 비난, 나무람
We shouldn't blame ourselves for what happened.
우리는 일어난 일에 대해 우리 자신을 비난해선 안 된다.

suicide
[súːəsàid]

명 자살   동 자살하다
He left a note giving the cause of his suicide.
그는 자살의 이유를 쓴 유서를 남겼다.

medieval
[mìːdíːvəl, mèd-]

형 중세(풍)의
We saw a monstrous medieval castle.
우리는 거대한 중세의 성을 보았다.

sum
[sʌm]

명 합계, 금액, 개요   동 합계하다, 요약하다
The traveler carried a large sum of money.
그 여행자는 많은 금액의 돈을 소지하고 있었다.

tale
[teil]

명 이야기
I hope you don't believe that tale of a tub.
나는 네가 그 터무니없는 이야기를 믿지 않기를 바란다.

summary
[sʌ́məri]
summarize 동 요약하다

명 요약, 개요   형 요약한, 간결한
Would you write me a summary of this report?
이 보고서의 개요를 내게 써주겠어요?

persuade
[pəːrswéid]
persuasion 명 설득
persuasive 형 설득력 있는

동 설득하다
It is no use trying to persuade him.
그를 설득하려고 노력해도 아무 소용이 없다.

edge
[edʒ]

명 가장자리, 변두리, (칼 따위의) 날
She is taping the edge of a piece of glass.
그녀는 유리의 가장자리를 테이프로 붙이고 있다.

relax
[rilǽks]

동 긴장을 풀다, 편하게 하다, 휴식을 취하다
All of his body relaxed except his left hand.
왼손을 제외한 그의 신체 모든 부분은 긴장이 풀렸다.

charm
[tʃɑːrm]
charmed 형 매혹된, 마법에 걸린
charming 형 매력적인

명 매력, 마력   동 매혹하다, 마법을 걸다
She has enough charm to win anyone over.
그녀는 어떤 사람이라도 매혹시킬 만한 매력이 있다.

trivial
[tríviəl]

(형) **사소한, 하찮은**
His composition had many trivial mistakes.
그의 작문엔 사소한 잘못이 많았다.

ingredient
[ingrí:diənt]

(명) **(혼합물의) 성분, (요리의) 재료, 원료**
You need to blend all the ingredients for one minute.
모든 재료는 1분 동안 갈아야 한다.

comply
[kəmplái]
compliance (명) 순종, 승낙

(동) **따르다, 순응하다**
It is very stupid of you to comply with his request.
네가 그의 요구에 따르는 것은 참으로 어리석은 짓이다.

proper
[prápər / prɔ́p-]
properly (부) 적절하게, 올바르게

(형) **적당한, 알맞은, 고유의**
Such conduct is not proper for a gentleman.
그런 행동은 신사로서 적당하지 않다.

electronic
[ilèktránik / -trɔ́n-]
electron (명) 전자
electronics (명) 전자공학

(형) **전자(공학)의**
He's an expert in electronics.
그는 전자 공학의 전문가이다.

■ character

1.성격 2.특징 3.등장인물 4.문자

1. He has a crook in his character.
   그는 성격이 비뚤어져 있다.

2. a face without any character
   특징이 없는 얼굴

3. There are three characters in this novel.
   이 소설에는 3 명의 등장인물이 있다.

4. Chinese characters are hard to learn.
   중국 문자는 배우기가 어렵다.

A. 아래 단어의 뜻을 쓰시오.

1. indicate _____	2. reproduce _____
3. conflict _____	4. mode _____
5. remark _____	6. sigh _____
7. experiment _____	8. tide _____
9. frost _____	10. superficial _____
11. eliminate _____	12. contemplate _____
13. polish _____	14. moan _____
15. excel _____	16. sort _____
17. geometry _____	18. verse _____
19. sentiment _____	20. naked _____
21. extreme _____	22. relate _____
23. superior _____	24. grant _____
25. intelligent _____	26. flatter _____
27. occupation _____	28. soul _____
29. project _____	30. harm _____
31. sue _____	32. overwhelm _____
33. curse _____	34. hypothesis _____
35. dim _____	36. awful _____
37. dip _____	38. merge _____
39. serene _____	40. trust _____
41. passive _____	42. illustrate _____
43. structure _____	44. timber _____
45. craft _____	46. blame _____
47. suicide _____	48. medieval _____
49. sum _____	50. tale _____

51. summary _____	52. persuade _____
53. edge _____	54. relax _____
55. charm _____	56. trivial _____
57. ingredient _____	58. comply _____
59. proper _____	60. electronic _____

B. 빈칸에 알맞은 단어를 넣으시오.

1. The speedometer _____ the speed of a car.
   속도계는 자동차의 속도를 나타낸다.

2. _____ all errors from the manuscript.
   원고에서 틀린 것을 모두 제거해라.

3. You are too young for that _____ of part time job.
   너는 이런 종류의 아르바이트를 하기에는 너무 어리다.

4. Our army is _____ to the enemy in numbers.
   우리군대가 병력면에서는 적군보다 우세하다.

5. She is the most _____ in her class.
   그녀는 그녀의 반에서 가장 영리하다.

6. He's the only person who have survived the killing _____ .
   그는 죽음의 저주에서 살아남은 유일한 사람입니다.

7. All of life is made up of the _____ and the active.
   모든 삶은 능동적인 것과 수동적인 것으로 구성되어 있다.

8. We shouldn't _____ ourselves for what happened.
   우리는 일어난 일에 대해 우리 자신을 비난해선 안 된다.

9. It is no use trying to _____ him.
   그를 설득하려고 노력해도 아무 소용이 없다.

10. She has enough _____ to win anyone over.
    그녀는 어떤 사람이라도 매혹시킬 만한 매력이 있다.

11. Such conduct is not _____ for a gentleman.
    그런 행동은 신사로서 적당하지 않다.

■ A·B : 본문참조

125

25 A journey of a thousand miles begins with a single step.

천릿길도 한걸음부터.

navigation
[nӕvəgéiʃən]
navigate [동] 항해하다, 조종하다

[명] 항해
Navigation is difficult on this river because of the hidden rocks. 물속의 바위들 때문에 이 강에서는 항해가 힘들다.

abstract
[ӕbstrǽkt]

[형] 추상적인
Picasso is known for abstract artist.
피카소는 추상적인 예술가로 알려져 있다.

theme
[θiːm]

[명] 주제, 테마
His question made excursions from the main theme.
그의 질문은 주제에서 벗어났다.

instinct
[ínstiŋkt]
instinctive [형] 본능적인

[명] 본능, 직감
Nothing can destroy the instinct to survive.
어떤 것도 생존 본능을 없앨 수는 없다.

stun
[stʌn]

[동] 아연실색하게 하다, 기절시키다
The news of his death stunned us.
그가 죽었다는 소식은 우리를 아연실색하게 했다.

focus
[fóukəs]

통 집중하다　명 초점

We must focus our attention on two major problems.
우리는 두 가지 주요 문제에 주의를 집중해야 한다.

complicated
[kámpləkèitid / kɔ́m-]
complicate 통 복잡하게 하다
complication 명 복잡, 분규

형 복잡한

His situation is very complicated.
그의 사정은 매우 복잡하다.

delicate
[délikət, -kit]

형 섬세한, 미묘한

This is going to put him in a delicate situation.
이 일로 인해 그는 미묘한 입장에 놓이게 될 것이다.

exploit
[ékslɔit, iksplɔ́it]
exploitation 명 개발, 이용

동 개발[이용]하다, 착취하다

They exploited her generosity shamelessly.
그들은 뻔뻔스럽게도 그녀의 관대함을 이용했다.

stain
[stein]

명 더럼, 얼룩　동 더럽히다

Even a little stain stands out on white clothes.
흰 옷에서는 작은 얼룩조차도 눈에 잘 띈다.

legislation
[lèdʒisléiʃən]
legislate 통 입법하다

명 입법, 법률제정

The new legislation takes effect immediately.
그 새로운 법률은 즉시 효력을 발생하게 된다.

invest
[invést]
investment 명 투자
investor 명 투자자

동 투자하다

He invested money in real estate.
그는 부동산에 돈을 투자했다.

aspect
[æspekt]

명 관점, 양상, (측)면

He contemplated the problem in all its aspects.
그는 그 문제를 모든 관점에서 심사숙고했다.

vulgar
[vʌ́lgər]

형 저속한, 천한

He is vulgar in his speech.
그는 말씨가 저속하다.

talent
[tǽlənt]

명 재능, 재주

Everybody said she had a talent for music.
모두 그 소녀가 음악에 재능이 있다고 말했다.

average
[ǽvəridʒ]

⟨명⟩ 평균, 보통 ⟨형⟩ 평균의, 보통의
My grades are above the average.
내 성적은 평균 이상이다.

usage
[júːsidʒ, -zidʒ]
use ⟨동⟩ 사용하다

⟨명⟩ 사용(법), 관습
It is authorized by usage.
그것은 관습으로 인정되어 있다.

compromise
[kámprəmàiz / kɔ́m-]

⟨명⟩ 타협 ⟨동⟩ 타협하다
They reached a satisfactory compromise.
그들은 만족할 만한 타협을 보았다.

inherent
[inhíərənt]

⟨형⟩ 고유의, 타고난
I have an inherent distrust of him.
나는 그에 대한 고유의 불신감을 가지고 있다.

emerge
[imə́ːrdʒ]

⟨동⟩ 나타나다
The full moon will soon emerge from behind the clouds.
보름달이 곧 구름 속에서 모습을 나타낼 것이다.

shrink
[ʃriŋk]

⟨동⟩ (직물 등이)수축하다, 줄다, 위축되다
This cloth will shrink if washed.
이 천은 세탁하면 줄어들 것이다

rely
[rilái]
reliable ⟨형⟩ 믿을 수 있는

⟨동⟩ 의지하다, 믿다
She relied on him to do most of the housework.
그녀는 그에게 집안일의 대부분을 의지한다.

whisper
[hwíspər]

⟨동⟩ 속삭이다 ⟨명⟩ 속삭임
He whispered to us to be careful.
그는 우리에게 조심하라고 속삭였다.

erect
[irékt]
erectly ⟨부⟩ 똑바로

⟨형⟩ 똑바로 선, (동작, 태도가) 경직된
Humans have a naturally erect posture.
인간은 날 때부터 똑바로 선 자세를 가지고 있다.

insult
[íns∧lt]

⟨명⟩ 모욕 ⟨동⟩ 모욕하다
He was insulted in public.
그는 여러 사람 앞에서 모욕을 당했다.

blunder
[blʌ́ndər]

[명] 큰 실수 [동] 큰 실수를 하다
That was the gravest blunder in her life.
그것은 그녀 일평생의 큰 실수였다

pain
[pein]
painful [형] 아픈, 고통을 주는

[명] 아픔, 고통 (pl.) 수고
This pill will reduce your pain.
이 알약을 먹으면 아픔이 줄어들 것이다.

circumstance
[sə́ːrkəmstæ̀ns / -stəns]

[명] (pl.)(주위의) 상황, 사정
The error was due to circumstances beyond our control.
그 실수는 우리가 어쩔 수 없는 상황 때문이었다.

establish
[istǽbliʃ]
establishment [명] 설립, 확립

[동] 설립하다, 확립하다
The church was established seventy years ago.
그 교회는 70년 전에 설립되었다.

peril
[pérəl]
perilous [형] 위험한

[명] 위험
He never felt that his life was in peril.
그는 그의 목숨이 위험하다는 것을 결코 느끼지 못했다.

다의어

■ charge

1. 요금 2. 책임, 담당 3.충전(하다) 4.청구하다 5. 고발하다

1. Postal charges have gone up again.
   우편 요금이 다시 인상되었다.
2. He is in charge of the production department.
   그는 생산부를 책임지고 있다.
3. The battery must be charged before use.
   배터리는 사용하기 전에 충전되어야 한다.
4. They charged me three hundred dollars for rent.
   그들은 나에게 집세로 300달러를 청구했다.
5. The police brought a charge of theft against him.
   경찰은 그를 절도혐의로 고발했다.

26 Everyone has a skeleton in his closet.
사람들은 누구나 비밀이 있다.

feminine [fémənin] feminity 몡 여자다움 feminism 몡 남녀평등주의	톙 **여성의** She seemed to have plenty of feminine charm. 그녀는 여성의 매력을 많이 지닌 것 같았다.
compliment [kámpləmənt / kɔ́m-] complimentary 톙 칭찬하는	몡 **칭찬, 경의** 통 **칭찬하다, 경의를 표하다** Too high a compliment is sometimes embarrassing. 너무 지나친 칭찬은 가끔 당혹스럽다.
expedition [èkspədíʃən]	몡 **탐험(대), 원정** They went on an expedition to the South Pole. 그들은 남극 탐험을 떠났다.
beckon [békən]	통 **(손짓 따위로)부르다, 신호하다** She beckoned me to follow. 그녀가 나에게 따라 오라고 손짓하며 불렀다.
omit [oumít] omission 몡 생략	통 **생략하다, 빠뜨리다** A few names had been omitted from the list. 몇몇 이름이 명단에서 빠져 있었다.

prosper
[práspər / prɔ́s-]
prosperity 몡 번영
prosperous 혱 번영하는

동 번영[번창]하다
His business has prospered continuously.
그의 사업은 계속적으로 번창했다.

attach
[ətǽtʃ]
attachment 몡 부착

동 붙이다, 첨부하다
I attached a photo to my application form.
나는 응시원서에 내 사진을 첨부했다.

feat
[fiːt]

몡 위업, 업적
He accomplished the splendid feat of winning the world title. 그는 세계 대회에서 선수권을 획득하는 빛나는 위업을 이룩했다

quit
[kwit]

동 그만두다, 떠나다, 끊다
He quit his job last week.
그는 지난주에 직장을 그만두었다.

mourn
[mɔːrn]
mourning 몡 애도, 비탄
mournful 혱 슬픔에 잠긴

동 슬퍼하다, 애도하다
The old woman still mourns her son's death.
그 노파는 아직도 아들의 죽음을 슬퍼하고 있다.

oxygen
[ɑ́ksidʒən / ɔ́ks-]

몡 산소
Blood transports oxygen around the body.
피는 몸 전체에 산소를 운반한다.

intimate
[íntəmit]

혱 절친한
He is my closest and most intimate friend.
그는 나의 가장 가깝고 절친한 친구이다.

combine
[kəmbáin]
combination 몡 결합

동 결합하다
Hydrogen combines with oxygen.
수소는 산소와 결합한다.

resent
[rizént]
resentment 몡 화냄
resentful 혱 분개한

동 ~에 화나다, 분개하다
I resented constant interruptions when I was working.
나는 일하고 있을 때 자꾸 방해받는 것에 화가 났다.

drain
[drein]
drainage 몡 하수, 배수(시설)

몡 배수(관), 하수구   동 물을 빼다
They drained the water out of the basement.
그들은 지하실에서 물을 빼냈다.

nod
[nɑd / nɔ́d]

동 끄덕이다, (졸려서) 꾸벅거리다　명 끄덕임
She raised her eyes and nodded once.
그녀는 눈을 들고 고개를 한 번 끄덕였다.

undergo
[ʌ̀ndərgóu]

동 (변화, 검사 따위를)겪다, 받다
The country is undergoing many changes.
그 나라는 많은 변화를 겪고 있다.

innocent
[ínəsnt]
innocence 명 순진, 결백

형 결백한, 순진한
It has been proved that I am innocent.
내가 결백하다는 것이 판명되었다.

defect
[difékt]
defective 형 결함[결점]이 있는

명 결점, 결함
There must be a structural defect in this machine.
이 기계에는 틀림없이 구조상의 결함이 있다.

regard
[rigáːrd]

동 간주하다, 여기다
They don´t regard me as their leader.
그들은 나를 그들의 지도자로 여기지 않는다.

absolute
[ǽbsəlùːt]
absolutely 부 절대적으로

형 절대적인, 완전한
God is the absolute being.
신은 절대적인 존재이다.

owe
[ou]

동 빚지고 있다, ~의 덕택이다, 은혜를 입다
I owe a lot of money to him.
나는 그에게 많은 빚이 있다.

stink
[stíŋk]

동 악취를 풍기다　명 악취
He always leaves a stink behind him.
그는 늘 악취를 뒤에 남긴다.

evil
[íːvəl]

형 나쁜, 사악한　명 악, 해악
People are a mixture of good and evil.
사람들은 선과 악의 혼합체이다.

resource
[ríːsɔːrs, -zɔːrs, risɔ́ːrs]

명 (pl.)자원
This country has abounding natural resources.
이 나라는 자원이 풍부하다.

collide
[kəláid]
collision 몡 충돌

동 부딪치다, 충돌하다
We collided on the pavement.
우리는 보도 위에서 부딪쳤다.

hesitate
[hézətèit]
hesitation 몡 망설임, 주저

동 망설이다, 주저하다
Don't hesitate to tell us what happened.
무슨 일이 있었는지 망설이지 말고 우리에게 말해라.

beverage
[bévəridʒ]

몡 마실 것, 음료
We do not sell any alcoholic beverages.
우리는 어떤 알코올음료도 판매하지 않는다.

seed
[si:d]

몡 씨(앗), 종자 동 씨를 뿌리다
The farmer sowed seeds and reaped what he sowed.
그 농부는 씨앗을 뿌리고 자신이 뿌린 것을 거두어 들였다.

recipe
[résəpì:]

몡 조리법, 요리법
You can substitute oil for butter in this recipe.
이 요리법에서는 식용유를 버터 대신 써도 된다.

■ circle

1.원 2. 순환 3. 에워[둘러]싸다 4.선회하다

1. The plane intersects the circle at a right angle.
   그 평면은 원을 직각으로 교차한다.

2. the circle of the seasons
   사계(四季)의 순환

3. The enemy circled the hill.
   적이 그 언덕을 에워쌌다.

4. An airplane circled round above the ship.
   비행기가 배의 상공을 선회했다.

다의어

A. 아래 단어의 뜻을 쓰시오.

1. navigation _____	2. abstract _____
3. theme _____	4. instinct _____
5. stun _____	6. focus _____
7. complicated _____	8. delicate _____
9. exploit _____	10. stain _____
11. legislation _____	12. invest _____
13. aspect _____	14. vulgar _____
15. talent _____	16. average _____
17. usage _____	18. compromise _____
19. inherent _____	20. emerge _____
21. shrink _____	22. rely _____
23. whisper _____	24. erect _____
25. insult _____	26. blunder _____
27. pain _____	28. circumstance _____
29. establish _____	30. peril _____
31. feminine _____	32. compliment _____
33. expedition _____	34. beckon _____
35. omit _____	36. prosper _____
37. attach _____	38. feat _____
39. quit _____	40. mourn _____
41. oxygen _____	42. intimate _____
43. combine _____	44. resent _____
45. drain _____	46. nod _____
47. undergo _____	48. innocent _____
49. defect _____	50. regard _____

51. absolute _____	52. owe _____
53. stink _____	54. evil _____
55. resource _____	56. collide _____
57. hesitate _____	58. beverage _____
59. seed _____	60. recipe _____

B. 빈칸에 알맞은 단어를 넣으시오.

1. Nothing can destroy the _____ to survive.
   어떤 것도 생존 본능을 없앨 수는 없다.

2. The new _____ takes effect immediately.
   그 새로운 법률은 즉시 효력을 발생하게 된다.

3. Everybody said she had a _____ for music.
   모두 그 소녀가 음악에 재능이 있다고 말했다.

4. They reached a satisfactory _____ .
   그들은 만족할 만한 타협을 보았다.

5. The full moon will soon _____ from behind the clouds.
   보름달이 곧 구름 속에서 모습을 나타낼 것이다.

6. The church was _____ seventy years ago.
   그 교회는 70년 전에 설립되었다.

7. He accomplished the splendid _____ of winning the world title.
   그는 세계 대회에서 선수권을 획득하는 빛나는 위업을 이룩했다

8. I _____ constant interruptions when I was working.
   나는 일하고 있을 때 자꾸 방해받는 것에 화가 났다.

9. There must be a structural _____ in this machine.
   이 기계에는 틀림없이 구조상의 결함이 있다.

10. This country has abounding natural _____ .
    이 나라는 자원이 풍부하다.

11. We do not sell any alcoholic _____ .
    우리는 어떤 알코올음료도 판매하지 않는다.

■ A·B : 본문참조

No news is good news.
무소식이 희소식이다.

27

미국간 소식이 에게서 아무 연락이 없더라.

무소식이 희소식 이래

나 여기 있다!

비행기 타고 미국 가다가 여기 머물고 있는 소식이

---

sculpture
[skʌ́lptʃər]
sculptor 명 조각가

명 조각
Sculpture is a plastic art.
조각은 조형 예술이다.

---

determine
[ditə́:rmin]
determination 명 결심, 결정

동 결정하다, 결심하다
A chance of meeting her determined my future.
그녀와의 우연한 만남이 내 미래를 결정했다.

---

weave
[wi:v]

동 (직물, 바구니 따위를) 짜다, 뜨다
They weave beautiful rugs.
그들은 아름다운 양탄자를 짠다.

---

essential
[isénʃəl]

형 필수적인, 본질적인
Oxygen is essential for the maintenance of life.
산소는 생명 유지에 필수적인 것이다.

---

compose
[kəmpóuz]
composition 명 구성, 작곡, 작문
composer 명 작곡가

동 구성하다, 작곡하다
Water is composed of hydrogen and oxygen.
물은 수소와 산소로 구성되어 있다.

surround
[səráund]
surrounding [명] (pl.)(주위)환경

[동] 둘러싸다
The house is surrounded by vast tracts of woodland.
그 집은 광활한 임야지대로 둘러싸여 있다.

apologize
[əpάlədʒàiz, əpɔ́l-]
apology [명] 사과, 변명

[동] 사과하다, 변명하다
He apologized to us for being late.
그는 우리들에게 늦은 것을 사과했다.

express
[iksprés]
expression [명] 표현
expressive [형] 표현이풍부한, 표현적인

[동] 표현하다 [명] 급행, 속달우편 [형] 급행의
I can not express how happy I was then.
나는 그때 얼마나 행복했던지 말로 표현할 수 없다.

fascinate
[fǽsənèit]
fascination [명] 매혹
fascinating [형] 매혹적인

[동] 매혹하다
New York has always fascinated me.
뉴욕은 항상 나를 매혹시킨다.

require
[rikwáiər]
required [형] 필수의
requirement [명] 요구, 필요(물), 필요조건

[동] 필요로 하다, 요구하다
This job requires 2 years experience.
이 일은 2년의 경험을 필요로 한다.

murder
[mə́:rdər]
murderer [명] 살인자

[명] 살인 [동] 살인하다
He was arrested on charges of murder.
그는 살인혐의로 체포되었다.

fare
[fεər]

[명] 승차요금, 운임
The subway fare has gone up.
지하철 요금이 인상되었다.

authority
[əθɔ́:riti, əθάr- / əθɔ́r-]
authorize [동] 권한을 주다
authorization [명] 위임

[명] 권위, 권한, (pl.)당국
There was an air of authority about her.
그녀에게는 권위 의식이 있었다.

specific
[spisífik]
specify [동] 열거하다, 상술하다

[형] 구체적인, 특정한
What are your specific aims?
당신의 구체적인 목적은 무엇이죠?

ban
[bæn]

[명] 금지(령) [동] 금지하다
Smoking is banned in this restaurant.
이 식당에서는 흡연이 금지되어 있다.

comprehend
[kàmprihénd]
comprehension 명 이해(력)
comprehensive 형 포괄적인,
　　　　　　　이해력 있는

동 이해하다, 포함하다
He didn't comprehend the significance of the teacher's remark. 그는 선생님 말씀의 중대성을 이해하지 못했다.

remove
[rimú:v]
removal 명 제거

동 제거하다, 옮기다
They removed the explosive substances.
그들은 폭발물을 제거했다.

donation
[dounéiʃən]
donate 동 기증[기부]하다
donor 명 기증자

명 기부(금), 기증
Many people regularly give donations to charity.
많은 사람들이 정기적으로 자선 단체에 기부를 한다.

typical
[típikəl]
typically 부 전형적으로

형 전형적인, 대표적인
What do you think the most typical Korean temple is?
가장 대표적인 한국의 절은 무엇이라고 생각하니?

circulate
[sə́:rkjəlèit]
circulation 명 순환, 유통

동 순환하다
Hot water circulates through these pipes.
뜨거운 물이 이들 파이프를 통해 순환한다.

subtle
[sʌ́tl]

형 미묘한, 민감한
Her book displays many subtle felicities of language.
그녀의 책은 많은 미묘한 언어의 표현을 보여준다.

function
[fʌ́ŋkʃən]
functional 형 기능상의, 실용적인

명 기능, 역할　동 기능을 하다
This machine composed of many complicated functions.
이 기계는 많은 복잡한 기능으로 이루어져 있다.

demonstrate
[démənstrèit]
demonstration 명 증명, 시위

동 증명하다, 논증하다, 시위하다
He demonstrated that the earth is round.
그는 지구가 둥글다는 것을 증명했다.

alter
[ɔ́:ltər]
alteration 명 변경, 개조

동 바꾸다, 변하다
The plane altered course.
비행기가 진로를 바꿨다.

expel
[ikspél]
expulsion 명 추방, 배제, 제명

동 쫓아내다, 추방하다
They expelled him from their village.
그들은 그를 마을에서 추방했다.

climate
[kláimit]

명 기후

Barley grows in cool climates.
보리는 선선한 기후조건에서 자란다.

thorn
[θɔːrn]

명 (식물의) 가시

A thorn pierced his finger.
가시가 그의 손가락에 꽂혔다.

repair
[ripέər]

동 수리하다 명 수리

The restaurant will be closed for three weeks in order to make repairs. 그 식당은 수리를 하기 위해 3주 동안 휴업할 것이다.

kneel
[niːl]
knee 명 무릎

동 무릎을 꿇다

As a sign of surrender he kneeled down to the ground.
그는 항복의 표시로 무릎을 꿇었다.

accident
[ǽksidənt]

명 사고, 사건, 우연(성)

I witnessed a traffic accident two days ago.
나는 이틀 전에 교통사고를 목격했다.

■ clear

1.맑은 2. 밝은, 선명한   3.분명한   4.치우다, 제거하다

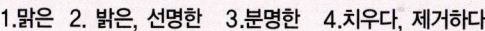

1. clear weather
   맑은 날씨

2. a clear photograph
   선명한 사진
3. Make your answers clear and concise.
   대답은 분명하고 간결하게 하시오.

4. clear papers off a desk
   책상에서 서류들을 치우다.

28 Never judge by appearances.

외모로 판단하지 말라.

seek [siːk]	[동]추구하다, 찾다 He is always seeking after fame. 그는 항상 명성을 추구하고 있다.
disease [dizíːz]	[명] 병, 질병 The disease is thought to have originated in the tropics. 그 질병은 열대 지방에서 시작된 것으로 생각된다.
raise [reiz]	[동] 올리다, 기르다 [명] 올림, 인상 He raised wages to 5 dollars a day. 그는 하루 임금을 5달러로 올렸다.
fee [fiː]	[명] 요금, 수수료 The contest is open to everyone and there is no entry fee. 그 콘테스트는 누구나 참가할 수 있으며 참가요금은 없다.
vacant [véikənt] vacancy [명] 빈자리, 공허, 방심(상태)	[형] 비어있는, 공허한 We found two vacant seats in the front row. 우리는 앞줄에 비어있는 자리 두 개를 발견했다.

reduce
[ridjúːs]
reduction [명] 감소, 축소, 절감

[동] 줄(이)다, 감소시키다
Crime rate was reduced last year.
작년에는 범죄율이 줄었다.

---

contact
[kɑ́ntækt / kɔ́n-]

[명] 접촉, 연락 [동] 접촉하다, 연락하다
I tried to contact her but was unable to.
나는 그녀와 연락하려 해봤지만 할 수 없었다.

---

genius
[dʒíːnjəs, -niəs]

[명] 천재
That boy is genius by constitution.
저 소년은 타고난 천재이다.

---

negative
[négətiv]

[형] 부정적인, 소극적인
Seek the positive rather than the negative.
부정적인 것보다 긍정적인 것을 찾아라.

---

suspect
[səspékt]
suspicious [형] 의심하는, 수상한
suspicion [명] 의심

[동] 의심하다 [명] 혐의자
The police looked the suspect through and through.
경찰은 그 용의자를 철저하게 조사했다.

---

allude
[əlúːd]
allusion [명] 암시, 언급

[동] 언급하다, 암시하다
He often alludes to his poverty.
그는 자주 자기의 가난을 언급한다.

---

exclaim
[ikskléim]
exclamation [명] 외침

[동] 외치다, 소리 지르다
He exclaimed that he had never even met her.
그는 그녀를 만난 적은 없다고 소리쳤다.

---

pang
[pæŋ]

[명] (육체상의) 고통, 마음의 고통, 번민
The pangs of conscience afflicted him.
양심의 가책으로 그는 괴로워했다.

---

contract
[kɑ́ntrækt / kɔ́n-]
contractor [명] 계약자

[명] 계약(서) [동] 계약하다
We have contracted that firm for the job.
우리는 그 회사와 그 일의 계약을 맺었다.

---

local
[lóukəl]
locality [명] 장소, 위치

[형] 지방의, 공간의
A local banker offered him a job.
한 지방의 은행가가 그에게 일자리를 주었다.

swallow
[swálou / swɔ-]

통 (꿀꺽)삼키다　명 제비

Chew your food properly before swallowing it.
음식을 삼키기 전에 잘 씹어라.

factor
[fǽktər]

명 요소, 요인

Wealth may be a factor of happiness.
부는 행복의 한 요소일 수도 있다.

biology
[baiálədʒi]
biological 형 생물학의

명 생물학

This is an epoch in biology.
이것은 생물학상의 신기원 이다.

genuine
[dʒénjuin]

형 진짜의, 참된

He guaranteed the jewel to be genuine.
그는 그 보석이 진짜임을 보증했다.

invention
[invénʃən]
invent 통 발명하다
inventive 형 발명의

명 발명(품)

This is an invention of infinite value.
이것은 가치가 무한한 발명이다.

evidence
[évidəns]
evident 형 명백한

명 증거

There was no particular evidence.
이렇다 할 증거는 아무것도 없었다.

adjourn
[ədʒə́:rn]
adjournment 명 연기, 휴회

통 연기하다, 휴회[정회]하다

The meeting was adjourned owing to scanty attendance.
회의는 참석자가 적어서 연기되었다.

suppose
[səpóuz]
supposition 명 가정, 추측

통 가정하다, 추측하다

Let us suppose that he is innocent.
그가 결백하다고 가정해 보자.

refund
[rí:fʌnd / ri:fʌ́nd]

명 환불　통 환불하다

I cannot give you a refund without the receipt.
영수증 없이는 환불을 해드릴 수 없습니다.

assure
[əʃúər]
assurance 명 보증, 확신
assuredly 부 확실히

통 보증하다, 확신시키다

I assure you that he is innocent.
나는 그의 결백을 보증한다.

contrary
[kántreri / kón-]

혤 반대의, 적합지 않은 뎧 (정)반대, 모순
The results were contrary to all expectation.
그 결과는 모든 기대에 반대되는 것이었다.

peculiar
[pikjúːljər]
peculiarity 뎧 특성, 특색

혤 독특한, 특별한
He has the most peculiar ideas.
그는 가장 독특한 아이디어를 가지고 있다.

simultaneous
[sàiməltéiniəs, sìm-]
simultaneously 뎣 동시에

혤 동시의, 동시에 일어나는
His treason was almost simultaneous with the king's death. 그의 반역은 왕의 죽음과 거의 동시에 있었다.

polite
[pəláit]
politely 뎣 공손히

혤 공손한, 예의바른
His polite manners pleased me most.
그의 예의바른 태도가 나를 가장 기쁘게 했다.

surface
[sə́ːrfis]

뎧 표면, 외양
The surface of the road is rough.
길 표면이 울퉁불퉁하다.

border
[bɔ́ːrdər]

뎧 국경, 경계 뎨 접경하다
They passed the border without passports.
그들은 여권 없이 국경을 통과했다.

■ command
1.명령하다 2.지휘[통솔]하다 3.내려다보다

1. He commanded silence..
   그는 조용히 하라고 명령했다.

2. The general was in command of the troops.
   장군이 군대를 지휘했다.

3. The hill commands a fine view of the sea.
   그 언덕에서는 바다가 환히 내려다 보인다.

A. 아래 단어의 뜻을 쓰시오.

1. sculpture	_____	2. determine	_____
3. weave	_____	4. essential	_____
5. compose	_____	6. surround	_____
7. apologize	_____	8. express	_____
9. fascinate	_____	10. require	_____
11. murder	_____	12. fare	_____
13. authority	_____	14. specific	_____
15. ban	_____	16. comprehend	_____
17. remove	_____	18. donation	_____
19. typical	_____	20. circulate	_____
21. subtle	_____	22. function	_____
23. demonstrate	_____	24. alter	_____
25. expel	_____	26. climate	_____
27. thorn	_____	28. repair	_____
29. kneel	_____	30. accident	_____
31. seek	_____	32. disease	_____
33. raise	_____	34. fee	_____
35. vacant	_____	36. reduce	_____
37. contact	_____	38. genius	_____
39. negative	_____	40. suspect	_____
41. allude	_____	42. exclaim	_____
43. pang	_____	44. contract	_____
45. local	_____	46. swallow	_____
47. factor	_____	48. biology	_____
49. genuine	_____	50. invention	_____

51. evidence   _____ 52. adjourn   _____

53. suppose   _____ 54. refund   _____

55. assure   _____ 56. contrary   _____

57. peculiar   _____ 58. simultaneous_____

59. polite   _____ 60. surface   _____

61. border   _____

B. 빈칸에 알맞은 단어를 넣으시오.

1. Oxygen is _____ for the maintenance of life.
   산소는 생명 유지에 필수적인 것이다.

2. He _____ to us for being late.
   그는 우리들에게 늦은 것을 사과했다.

3. There was an air of _____ about her.
   그녀에게는 권위 의식이 있었다.

4. What do you think the most _____ Korean temple is?
   가장 대표적인 한국의 절은 무엇이라고 생각하니?

5. This machine composed of many complicated _____ .
   이 기계는 많은 복잡한 기능으로 이루어져 있다.

6. I witnessed a traffic _____ two days ago.
   나는 이틀 전에 교통사고를 목격했다.

7. We found two _____ seats in the front row.
   우리는 앞줄에 비어있는 자리 두 개를 발견했다.

8. Wealth may be a _____ of happiness.
   부는 행복의 한 요소일 수도 있다.

9. There was no particular _____ .
   이렇다 할 증거는 아무것도 없었다.

10. I _____ you that he is innocent.
    나는 그의 결백을 보증한다.

11. He has the most _____ ideas.
    그는 가장 독특한 아이디어를 가지고 있다.

■ A·B : 본문참조

29

When it rains, it pours.
비가 오기만 하면 퍼 붓는다.

---

associate
[əsóuʃièit]
association 몡 연합, 교제, 협회

동 연상하다, 교제하다
We often associate summer with holidays.
우리는 종종 여름 하면 휴가를 연상한다.

---

reward
[riwɔ́:rd]

동 보상하다, 보답하다 명 보상, 보답
I don't expect anything in reward.
나는 아무런 보상도 바라지 않는다.

---

outstanding
[àutstǽndiŋ]

형 눈에 띄는, 뛰어난
He's known to be an outstanding physicist.
그는 뛰어난 물리학자로 알려져 있다.

---

meadow
[médou]

명 목초지, 초원
There was a path through the meadow.
초원을 가로질러 길이 나 있었다.

---

sustain
[səstéin]

동 지탱하다, 유지하다
The ice will not sustain your weight.
얼음이 네 체중을 지탱하지 못할 것이다.

advantage
[ədvǽntidʒ, -vɑ́ːns-]
advantageous [형] 유리한, 형편이 좋은

[명] 이점, 유리, 이익, 우위
He has the advantage of a steady job.
그는 직업이 안정적이라는 이점을 갖고 있다.

temper
[témpər]
temperate [형] 절제하는
temperance [명] 절제, 금주

[명] 성질, 기분, 화
His off again temper upsets me.
그의 변덕스러운 성질이 나를 화나게 한다.

astonish
[əstɑ́niʃ / -tɔ́n-]
astonishing [형] 놀라운
astonishment [명] 놀라움

[동] 깜짝 놀라게 하다
The news astonished everyone.
그 뉴스는 모든 사람들을 깜짝 놀라게 했다.

foretell
[fɔːrtél]

[동] 예언하다, 예고하다
We couldn't foretell the remote future.
우리는 먼 앞날을 예언할 수 없었다.

harmony
[hɑ́ːrməni]
harmonious [형] 조화를 이루는

[형] 조화
Everything seems to be harmony with one another.
만물이 서로 조화를 이룬 듯하다.

artificial
[ɑ̀ːrtəfíʃəl]

[형] 인공적인
This food is guaranteed free of artificial colouring.
이 식품은 인공적인 색소가 들어 있지 않다고 보증되어 있다.

refer
[rifə́ːr]
reference [명] 참조, 언급, 조회

[동] 언급하다, 참조하다
We refer to a dictionary to find the meaning of a word.
우리는 단어 뜻을 찾기 위해 사전을 참조한다.

pioneer
[pàiəníər]

[명] 개척자, 선구자
The early pioneers suffered great hardships here.
초기의 개척자들은 이곳에서 많은 어려움을 겪었다.

forecast
[fɔ́ːrkæ̀st, -kɑ̀ːst]

[명] 예상, (일기)예보 [동] 예상[예측]하다, 예보하다
The weather forecast was wrong.
일기 예보가 틀렸다.

thrift
[θrift]
thrifty [형]검소한, 절약의

[명] 검소, 절약
He has plenty of money, but he still tends to be thrifty.
그는 돈의 여유가 많지만 늘 그렇듯이 여전히 검소하다.

reckon
[rékən]
reckoning 몡 계산, 셈

통 (수를)세다, 생각하다, 간주하다
We reckon we've got enough to get a result.
우리는 성과를 충분히 올렸다고 생각한다.

dense
[dens]
density 몡 밀, 농도
densely 閉 빽빽이

혱 밀집한, 빽빽한
A dense crowd waited for the arrival of the President.
밀집한 군중은 대통령이 도착하기를 기다렸다.

stomach
[stʌ́mək]
stomachache 몡 위통, 복통

몡 위, 위장
Many people die of stomach cancer.
많은 사람들이 위암으로 사망한다.

multiply
[mʌ́ltəplài]
multitude 몡 다수
multiple 혱 다수의, 다양한

통 곱하다, 증가하다
In warm weather these germs multiply rapidly.
날씨가 따뜻하면 이 병원균들은 빠르게 증가한다.

policy
[páləsi / pɔ́l-]

몡 정책, 방침
We will support the policy in agreement with the government. 우리는 정부와 일치하여 그 정책을 지원할 것이다.

conserve
[kənsə́:rv]
conservation 몡 보호, 보존

통 보존하다, 보호하다
We must conserve our valuable natural resources.
우리는 귀중한 천연자원을 보존해야 한다.

moral
[mɔ́(:)rəl, már-]
morality 몡 도덕(성), 품행

혱 도덕적인, 정신적인   몡 교훈, (pl.)도덕
She needed a moral courage to tell the truth.
그녀는 진실을 말하기 위해 도덕적 신념이 필요했다.

agriculture
[ǽgrikʌ̀ltʃər]
agricultural 혱 농업의

몡 농업
Most of the inhabitants are occupied with agriculture.
주민의 다수는 농업에 종사하고 있다.

recover
[rikʌ́vər]
recovery 몡 회복

통 회복하다, 되찾다
There was no hope that she would recover her health.
그녀가 건강을 회복하리라는 희망은 전혀 없었다.

device
[diváis]
devise 통 궁리하다, 고안하다

몡 고안, 장치
He designed this device for a special purpose.
그는 특수한 목적으로 이 장치를 개발했다.

aid
[eid]

(동) 돕다, 원조하다　(명) 도움

I opened my shop by the aid of my friends.
나는 친구의 도움으로 내 가게를 열었다.

extraordinary
[ikstrɔ́:rdənèri]

(형) 대단한, 특별한, 임시의

There is something extraordinary in him.
그에게는 뭔가 특별한 것이 있다.

conceive
[kənsí:v]
concept (명) 개념, 생각
conception (명) 개념, 생각
conceivable (형) 생각[상상]할 수 있는

(동) 상상하다, (생각을) 품다

They conceived a deep hatred against the enemy.
그들은 적에게 깊은 증오심을 품었다.

arithmetic
[əríθmətìk]
arithmetical (형) 산수의

(명) 산수, 셈

She surpassed me in arithmetic.
그녀는 산수에서 나를 능가했다.

hazard
[hǽzərd]
hazardous (형) 위험한

(명) 위험　(동) 위험을 무릅쓰다

Smoking is a serious health hazard.
흡연은 심각한 건강 위험 요소이다.

cherish
[tʃériʃ]

(동) 소중히 하다, 마음에 품다

He cherishes the illusion that she's in love with him.
그는 그녀가 자기와 사랑에 빠지는 환상을 마음에 품고 있다.

■ commit

다의어

1.(죄, 과실을)저지르다　2. 맡기다　3.약속하다

1. I committed an error.
   나는 실수를 저질렀다.

2. On vacation she committed her dog to me.
   휴가 때 그녀는 그녀의 개를 나에게 맡겼다.

3. He committed himself to make a fresh start in life.
   그는 새 출발할 것을 약속했다.

30 Slow and steady wins the race.

천천히 그리고 꾸준한 것이 경주에 이긴다.

yearn
[jəːrn]
yearning 명 그리움

동 그리워하다, 갈망하다
He yearned for his home and family.
그는 집과 가족을 그리워했다.

severe
[sivíər]
severity 명 엄격
severely 부 심하게, 엄격하게

형 심한, 엄격한
He was very severe with his children.
그는 자기 아이들에게 매우 엄격했다.

instrument
[ínstrəmənt]
instrumental 형 유효한, 쓸모 있는

명 도구, 기구, 악기
The instrument has different uses.
그 기구에는 여러 가지 용도가 있다.

height
[hait]

명 높이, 고도, 키
The skyscrapers are the same height.
고층건물들이 같은 높이로 서 있다.

domestic
[douméstik]

형 가정의, 국내의
Her husband is very domestic.
그녀의 남편은 매우 가정적이다.

sting
[stiŋ]

동 (침 따위로)쏘다, 찌르다   명 찌르기, (동물의) 침, 가시

A bee stung me on the arm.
벌이 내 팔을 쏘았다.

---

constant
[kánstənt / kɔ́n-]
constancy 명 불변성
constantly 부 끊임없이

형 끊임없는, 불변의

Medieval Europe was a constant battleground.
중세 유럽은 끊임없는 전쟁터였다.

---

outlet
[áutlet, -lit]

명 배출구, (상품의) 판로, 판매 대리점

Children need an outlet for their energy.
아이들은 에너지를 분출시킬 배출구가 필요하다.

---

vertical
[və́:rtikəl]

형 수직의, 세로의, 직립한

Floors are horizontal and walls are vertical.
바닥들은 평평하고 벽들은 수직이다.

---

talkative
[tɔ́:kətiv]

형 수다스러운, 이야기하기 좋아하는

The talkative woman likes to have speech with other
people. 수다스러운 그 여자는 다른 사람과 이야기하는 것을 좋아한다.

---

predict
[pridíkt]
prediction 명 예언, 예보

동 예언하다, 예보하다

A chapter of accidents predicted the tragedy.
일련의 불행한 사건들이 그 비극을 예언하고 있었다.

---

decrease
[dí:kri:s, dikrí:s]

동 감소하다   명 감소, 축소

There has been a decrease in imports.
수입이 감소했다.

---

hollow
[hálou / hɔ́l-]

형 속이 빈, 공허한, 움푹 꺼진

The man gave a hollow smile.
그 남자는 공허한 미소를 띠었다.

---

grumble
[grʌ́mbəl]

동 불평하다

He is always grumbling about his food.
그는 항상 음식에 대해 불평 한다.

---

habitat
[hǽbətæt]
inhabit 동 살다, 거주[서식]하다
inhabitant 명 거주자, 서식동물

명 서식지, 거주지

The animal will do better to living in natural habitats.
동물들은 자연적인 서식지에서 살게 하는 게 좋다.

exclude
[iksklúːd]
exclusion 몡 제외, 배제

(동) 제외하다, 배제하다
They excluded him from the meeting.
그들은 그를 모임에서 제외했다.

prescribe
[priskráib]
prescription 몡 규정, 처방

(동) 규정하다, 처방하다
The doctor prescribed pills to help me to sleep
그 의사는 나에게 수면에 도움이 되는 약을 처방해 주었다.

conquer
[káŋkər / kɔ́ŋ-]
conquest 몡 정복

(동) 정복하다
The Normans conquered England in the 11th century.
11세기에 노르만 사람들이 영국을 정복했다.

amend
[əménd]
amendment 몡 변경, 개정,
수정(안)

(동) (행실 등을) 고치다, (의안 등을) 수정[개정]하다
He had to amend his opinion.
그는 자신의 의견을 수정해야만 했다.

yawn
[jɔːn]

(동) 하품하다 (명) 하품
He yawned and rubbed his eyes.
그는 하품을 하고는 눈을 비볐다.

whirl
[hwəːrl]

(동) 빙빙 돌다, 선회하다 (명) 선회
The leaves whirled through the air.
나뭇잎들이 공중에서 빙빙 돌았다.

crew
[kruː]

(명) (배, 열차, 비행기의) 승무원, 선원
The crew survived the shipwreck.
난파선의 선원들은 살아남았다.

prolong
[proulɔ́ːŋ, -láŋ]
prolonged 몡 오래 지속되는
prolongation 몡 연장, 연기

(동) 늘리다, 연기하다
They prolonged their visit by a few days.
그들은 방문기간을 며칠 더 연기했다.

discriminate
[diskrímənèit]
discrimination 몡 차별

(동) 차별하다, 구별하다
We do not discriminate on grounds of age, sex or race.
우리는 나이, 성별 또는 인종을 이유로 차별하지 않는다.

concern
[kənsə́ːrn]

(동) 걱정하다, 관계하다 (명) 걱정, 관계
I am concerning your health.
나는 너의 건강이 걱정된다.

victim
[víktim]

명 희생(자)

They were victims of circumstance.
그들은 사건의 희생자였다.

treasure
[tréʒər]

treasury **명** 금고, 보고

명 보물

The pirates buried their treasure.
해적들은 그들의 보물을 파묻었다.

recruit
[rikrú:t]

recruitment **명** 신입 모집

동 새로 모집하다 **명** 신병, 신입사원[회원]

New recruits have three hours of drill a day.
신병들은 하루에 세 시간의 훈련을 받는다.

gratitude
[grǽtətjùːd]

gratify **동** 만족시키다, 기쁘게 하다
gratification **명** 만족(감)

명 감사, 호의

She expressed her gratitude for our help.
그녀는 우리의 도움에 감사의 뜻을 표하였다.

tune
[tjuːn]

명 가락, 곡조 **동** (가락, 파장을) 맞추다, (악기를) 조율하다

She was playing out of tune.
그녀는 가락이 맞지 않게 연주를 하고 있었다.

orbit
[ɔ́ːrbit]

명 궤도 **동** 궤도를 그리며 돌다

Earth passes through the orbit of comets.
지구는 혜성의 궤도를 통과한다.

■ company

1. 회사 2. 친구, 동료 3. 일행

1. He has just violated the company regulation.
   그는 방금 회사 방침을 어겼다.

2. A man is known by the company he keeps.
   그 친구를 보면 그 사람을 알 수 있다.

3. Do you have a company?
   일행이 있나요?

A. 아래 단어의 뜻을 쓰시오.

1. associate _____
2. reward _____
3. outstanding _____
4. meadow _____
5. sustain _____
6. advantage _____
7. temper _____
8. astonish _____
9. foretell _____
10. harmony _____
11. artificial _____
12. refer _____
13. pioneer _____
14. forecast _____
15. thrift _____
16. reckon _____
17. dense _____
18. stomach _____
19. multiply _____
20. policy _____
21. conserve _____
22. moral _____
23. agriculture _____
24. recover _____
25. device _____
26. aid _____
27. extraordinary _____
28. conceive _____
29. arithmetic _____
30. hazard _____
31. cherish _____
32. yearn _____
33. severe _____
34. instrument _____
35. height _____
36. domestic _____
37. sting _____
38. constant _____
39. outlet _____
40. vertical _____
41. talkative _____
42. predict _____
43. decrease _____
44. hollow _____
45. grumble _____
46. habitat _____
47. exclude _____
48. prescribe _____
49. conquer _____
50. amend _____

51. yawn _____   52. whirl _____

53. crew _____   54. prolong _____

55. discriminate _____   56. concern _____

57. victim _____   58. treasure _____

59. recruit _____   60. gratitude _____

61. tune _____   62. orbit _____

B. 빈칸에 알맞은 단어를 넣으시오.

1. He has the _____ of a steady job.
   그는 직업이 안정적이라는 이점을 갖고 있다.

2. This food is guaranteed free of _____ colouring.
   이 식품은 인공적인 색소가 들어 있지 않다고 보증되어 있다.

3. A _____ crowd waited for the arrival of the President.
   밀집한 군중은 대통령이 도착하기를 기다렸다.

4. We must _____ our valuable natural resources.
   우리는 귀중한 천연자원을 보존해야 한다.

5. He designed this _____ for a special purpose.
   그는 특수한 목적으로 이 장치를 개발했다.

6. Medieval Europe was a _____ battleground.
   중세 유럽은 끊임없는 전쟁터였다.

7. The _____ woman likes to have speech with other people.
   수다스러운 그 여자는 다른 사람과 이야기하는 것을 좋아한다.

8. The man gave a _____ smile.
   그 남자는 공허한 미소를 띠었다.

9. He had to _____ his opinion.
   그는 자신의 의견을 수정해야만 했다.

10. We do not _____ on grounds of age, sex or race.
    우리는 나이, 성별 또는 인종을 이유로 차별하지 않는다.

11. She expressed her _____ for our help.
    그녀는 우리의 도움에 감사의 뜻을 표하였다.

■ A·B : 본문참조

31 Do not back him into a corner.

사람을 구석으로 몰지마라.

thorough [θə́ːrou, θʌ́r-] thoroughly [부] 철저히	[형] 철저한, 빈틈없는 He is a thorough vegetarian. 그는 철저한 채식주의자이다.
crosswalk [krɔ́ːswɔ̀ːk]	[명] 건널목, 횡단보도 He slowed down at crosswalks. 그는 건널목에서 속도를 늦추었다.
intense [inténs] intensity [명] 강렬 intensely [부] 강렬하게	[형] 강렬한 The heat was very intense but I got used to it after a while. 더위는 대단히 강렬했지만 나는 얼마 후 익숙해졌다.
pressure [préʃər] press [동] 누르다, 압력을 가하다	[명] 압력, 압박 This is designed to withstand moderate pressure. 이것은 적당한 압력에 견디도록 디자인 되어 있다.
poverty [pávərti / pɔ́v-]	[명] 가난, 빈곤 Our objective is a world without poverty. 우리의 목표는 가난이 없는 세계이다.

injure
[índʒər]
injury 몡 상해, 손상
injurious 휑 해로운

동 상처를 입히다, 손상시키다
He injured her feelings.
그는 그녀의 감정에 상처를 입혔다.

decide
[disáid]
decision 몡 결정
decisive 휑 결정적인

동 결정하다, 결심하다
We could not decide where to go.
우리는 어디로 가야 할 지 결정할 수 없었다.

stir
[stə:r]

동 휘젓다, 움직이다, 자극하다
She stirs her coffee with a spoon.
그녀는 스푼으로 커피를 휘젓는다.

emigrate
[émǝgrèit]
emigrant 몡 (다른 나라로)이주자
emigration 몡 이주

동 (다른 나라로)이민가다
He emigrated and started a new life in America.
그는 미국으로 이민 가서 새 생활을 시작했다.

grand
[grænd]
grandeur 몡 장대, 장엄

휑 웅대한, 굉장한, 장대한
Here was corruption on a grand scale.
여기에 굉장한 규모의 부정행위가 있었다.

lean
[li:n]
leaning 몡 기울기, 경사

동 기대다, 기울어지다   휑 야윈
She sighed and leaned weakly on the showcase.
그녀는 한숨을 쉬며 힘없이 진열대에 몸을 기댔다.

perspective
[pǝ:rspéktiv]

몡 원근법, 전망, 시각
Your painting is out of perspective.
네 그림은 원근법에 어긋난다.

souvenir
[sù:vǝníǝr]

몡 기념품
Where can I find the souvenir shop?
기념품 파는 가게가 어디에 있나요?

intensive
[inténsiv]

휑 집중적인
She needed intensive care for three weeks.
그녀는 3주간의 집중적인 치료가 필요했다.

twilight
[twáilàit]

몡 황혼
The house looked peaceful in the twilight.
그 집은 황혼에 묻혀 평화롭게 보였다.

hinder
[híndər]
hinderance 명 방해(물), 장애(물)

동 방해하다

They hindered me in carrying out my plans.
그들은 내가 계획을 수행하는 것을 방해했다.

overflow
[òuvərflóu]

동 넘치다, 범람하다

The rain caused the river to overflow.
비 때문에 강이 범람했다.

repent
[ripént]
repentance 명 후회

동 후회하다

Someday or other you will repent it.
너는 언젠가 뒷날 그것을 후회할 것이다.

intervene
[ìntərvíːn]
intervention 명 중재

동 개입하다, 중재[조정]하다

He intervened between two people who are quarrelling.
그는 말싸움을 하고 있는 두 사람 사이에 개입했다.

prohibit
[prouhíbit]
prohibition 명 금지

동 금지하다

The sale of this drug is prohibited by law.
이 약품의 판매는 법으로 금지되어 있다.

lecture
[léktʃər]

명 강의, 강연 동 강의하다

The professor's lecture was full of wit and humor.
그 교수의 강의는 기지와 유머가 넘쳤다.

ancient
[éinʃənt]

형 고대의, 옛날의

Papyrus is a type of paper used in ancient Egypt.
파피루스는 고대 이집트에서 사용되던 종이이다.

familiar
[fəmíljər]

형 친숙한, 잘 알고 있는

The name sounds familiar to me.
그 이름은 내게 친숙하게 들린다.

personality
[pə̀ːrsənǽləti]
personal 형 개인의

명 성격, 개성

Anger brings out the worst in a personality.
화를 내면 성격의 가장 나쁜 일면이 드러나게 된다.

attack
[ətǽk]

동 공격하다, (병이 사람을) 침범하다 명 공격, 발병

They made a savage attack upon the enemy.
그들은 적을 맹렬히 공격했다.

admit
[ædmít, əd-]
admission 명 입장(허가), 승인

동 **인정하다**, 허가하다
I freely admit that I made a mistake.
내가 실수했음을 기꺼이 인정하겠다.

logic
[ládʒik / lɔ́dʒ-]
logical 형 논리적인
logically 부 논리적으로

명 **논리**, 논리학
There is no certain logic in his remark.
그의 의견에는 확실한 논리가 없다.

distribute
[distríbjuːt]
distribution 명 분배

동 **분배하다**
He distributed the profits among his employees.
그는 종업원들에게 이익을 분배했다.

torment
[tɔ́ːrment]

명 **고통**, 고뇌   동 **괴롭히다**
He suffered torments from his aching tooth.
그는 아픈 이 때문에 고통을 받았다.

cradle
[kréidl]

명 **요람**, 유아용 침대
Her baby is sleeping in the cradle.
그녀의 아이는 요람 안에서 잠자고 있다.

instance
[ínstəns]

명 **예**, 경우
For instance, we can either tell the truth or tell a lie.
예를 들면 우리는 진실을 말하거나 거짓을 말할 수도 있다.

■ remark

1.말하다 2.주목하다, 알아차리다 3.말, 논평

1. She made a remark about the weather.
   그녀는 날씨에 대해 말했다.

2. I remarked that it had got colder.
   나는 추워진 것을 알아차렸다.

3. That remark was aimed at him.
   그 말은 그를 겨냥한 것이었다.

32 A watched pot never boils.
지켜보는 냄비는 끓지 않는다.

console [kənsóul] consolation 영 위로, 위안	동 **위로하다, 달래다** Nothing could console her grief. 무엇으로도 그녀의 슬픔을 달래줄 수 없었다.
melancholy [mélənkàli / -kɔ̀li]	명 **우울** 형 **우울한** When she left, he sank into melancholy. 그녀가 떠나자 그는 우울해졌다.
relevant [réləvənt] relevance 명 관련, 적절 relevantly 부 적절하게	형 **관련된, 적절한** The evidence is relevant to the case. 그 증거는 이 사건과 관련이 있다.
stroll [stroul]	동 **한가롭게 거닐다** 명 **산책** I took a stroll along the park with her Saturday afternoon. 나는 토요일 오후에 그녀와 공원을 한가롭게 거닐었다.
reason [ríːzən] reasonable 형 합리적인, 분별 있는	명 **이유, 이성** 동 **추론하다** It is a mere apparent reason. 그것은 단지 표면상의 이유일 뿐이다.

meditate
[médətèit]
meditation 명 명상
meditative 형 명상적인

동 명상하다
I like to meditate before an important exam.
나는 중요한 시험 전에 명상하기를 좋아한다.

arouse
[əráuz]

동 깨우다, 자극하다
His shameful conduct aroused criticism.
그의 파렴치한 행위는 물의를 일으켰다.

core
[kɔːr]

명 핵심, 중심(부), (과일 등의) 속
Let's get to the core of the argument.
논의의 핵심으로 들어가 봅시다.

pronounce
[prənáuns]
pronunciation 명 발음

동 발음하다
He pronounced the word correctly.
그는 그 단어를 정확하게 발음했다.

soothe
[suːð]

동 달래다, 위로하다
The mother soothed her crying baby.
그 어머니는 자신의 우는 아기를 달랬다.

lift
[lift]

동 들어 올리다 명 들어 올림, 차에 태워줌
This bag is too heavy for this child to lift.
이 가방은 너무 무거워 이 아이가 들어 올릴 수 없다.

bundle
[bʌ́ndl]

명 다발, 묶음, 꾸러미
He sent her a bundle of red roses.
그는 그녀에게 붉은 장미 한 다발을 보냈다.

decline
[dikláin]

동 하락[쇠퇴]하다, 거절하다 명 하락, 쇠퇴
Her influence declined after she lost the election.
그녀가 선거에 지고 난 후 그녀의 영향력은 하락했다.

benefit
[bénəfit]
beneficial 형 유익한

명 이익 동 이익이 되다
We derived great benefit from the business.
우리는 그 사업에서 큰 이익을 보았다.

main
[mein]
mainly 부 주로

형 주요한, 주된, 중요한
My main concern is the welfare of the children.
나의 주된 관심사는 아이들의 복지이다.

sovereign
[sάvərin, sʌ́v-]
sovereignty 몡 주권, 통치권

몡 **주권자**, 통치자, 군주 혱 최고의, 주권을 가진
Who was the sovereign of that country then?
당시 그 나라의 주권자가 누구였니?

precious
[préʃəs]

혱 **비싼**, **귀중한**, 가치 있는
Her children are very precious to her.
그녀의 아이들은 그녀에게 매우 귀중하다.

reluctant
[rilʌ́ktənt]
reluctance 몡 싫음
reluctantly 븟 마지못해

혱 **주저하는**, (하기) 꺼리는
She seemed to be reluctant to reply.
그녀는 대답을 주저하는 것 같았다.

contribute
[kəntríbjut]
contribution 몡 기부(금), 기여

동 **기여하다**, **공헌하다**, 기부하다
He contributed to the growth of the company.
그는 회사의 성장에 기여했다.

accuse
[əkjúːz]
accusation 몡 고발, 비난

동 **고발하다**, 비난하다
He was accused of being a thief.
그는 도둑으로 고발당했다.

shape
[ʃeip]

몡 **모양**, 상태 동 형성하다
This lake has a peculiar shape.
이 호수는 특별한 모양을 하고 있다.

technology
[teknάlədʒi / -nɔ́l-]
technological 혱 과학 기술의
technologist 몡 과학 기술자

몡 **과학기술**
Science has contributed much to modern technology.
과학은 현대 과학기술에 많은 기여를 했다.

crucial
[krúːʃəl]

혱 **결정적인**, 중대한
The testimony offered a crucial version of the trial.
그 증언은 그 재판에 대해 결정적인 증거를 제공했다.

propose
[prəpóuz]
proposal 몡 제안, 신청

동 **제안하다**, 신청하다
I proposed to take a break for a while.
나는 잠시 휴식을 취하자고 제안했다.

endanger
[endéindʒər]

동 **위태롭게 하다**, 위험에 빠뜨리다
Smoking endangers your health.
흡연은 건강을 위태롭게 한다.

dispose
[dispóuz]
disposal 몡 처리
disposable 혱 일회용의

동 처리하다, 배치하다

He disposed of a matter methodically.
그는 일을 차근차근 처리했다.

miracle
[mírəkl]
miraculous 혱 기적적인

몡 기적

A miracle rarely happens.
기적은 드물게 일어난다.

elementary
[èləméntəri]
elemental 혱 요소의, 원소의
element 몡 요소, 원소

혱 초보의, 기본의, 초등의

He made some elementary mistakes.
그는 초보적인 실수를 약간 저질렀다.

parliament
[pá:rləmənt]
parliamentary 혱 의회의

몡 의회, 국회

The issue was debated in Parliament.
그 쟁점은 국회에서 논의되었다.

accustom
[əkʌ́stəm]
accustomed 혱 익숙한

동 익숙하게 하다, 익히다

We gradually got accustomed to the new environment.
우리는 새 환경에 점차 익숙해 졌다.

detail
[dí:teil, ditéil]

몡 세부(사항), 상세한 설명   동 상세히 말하다

The man is overlooking a detail.
남자는 세부 사항을 간과하고 있다.

■ conduct

다의어

1.품행, 지휘, 안내   2.지휘하다   3.안내[행동]하다

1. His conduct is perfect.
   그의 품행은 결점이 없다.

2. A famous composer conducted the orchestra.
   유명한 작곡가가 그 오케스트라를 지휘했다.

3. I conducted him to my house.
   나는 그를 나의 집으로 안내했다.

A. 아래 단어의 뜻을 쓰시오.

1. thorough _____
2. crosswalk _____
3. intense _____
4. pressure _____
5. poverty _____
6. injure _____
7. decide _____
8. stir _____
9. emigrate _____
10. grand _____
11. lean _____
12. perspective _____
13. souvenir _____
14. intensive _____
15. twilight _____
16. hinder _____
17. overflow _____
18. repent _____
19. intervene _____
20. prohibit _____
21. lecture _____
22. ancient _____
23. familiar _____
24. personality _____
25. attack _____
26. admit _____
27. logic _____
28. distribute _____
29. torment _____
30. cradle _____
31. instance _____
32. console _____
33. melancholy _____
34. relevant _____
35. stroll _____
36. reason _____
37. meditate _____
38. arouse _____
39. core _____
40. pronounce _____
41. soothe _____
42. lift _____
43. bundle _____
44. decline _____
45. benefit _____
46. main _____
47. sovereign _____
48. precious _____
49. reluctant _____
50. contribute _____

51. accuse _____   52. shape _____

53. technology _____   54. crucial _____

55. propose _____   56. endanger _____

57. dispose _____   58. miracle _____

59. elementary _____   60. parliament _____

61. accustom _____   62. detail _____

B. 빈칸에 알맞은 단어를 넣으시오.

1. He is a _____ vegetarian.

   그는 철저한 채식주의자이다.

2. She _____ her coffee with a spoon.

   그녀는 스푼으로 커피를 휘젓는다.

3. Where can I find the _____ shop?

   기념품 파는 가게가 어디에 있나요?

4. Someday or other you will _____ it.

   너는 언젠가 뒷날 그것을 후회할 것이다.

5. The name sounds _____ to me.

   그 이름은 내게 친숙하게 들린다.

6. I like to _____ before an important exam.

   나는 중요한 시험 전에 명상하기를 좋아한다.

7. We derived great _____ from the business.

   우리는 그 사업에서 큰 이익을 보았다.

8. He _____ to the growth of the company.

   그는 회사의 성장에 기여했다.

9. Smoking _____ your health.

   흡연은 건강을 위태롭게 한다.

10. He made some _____ mistakes.

    그는 초보적인 실수를 약간 저질렀다.

11. The man is overlooking a _____ .

    남자는 세부 사항을 간과하고 있다.

■ A·B : 본문참조

Clouds gather before a storm.
폭풍우 전에 구름이 모인다.

33

구름이 잔뜩 몰려온다.

폭풍우가 올 징조구나.

---

shelter
[ʃéltər]

명 피난처, 보호시설 동 숨기다, 피난하다
There was no shelter from the rain near here.
이 근처에는 비를 피할 피난처가 없었다.

---

surpass
[sərpǽs, -pάːs]
surpassing 형 우수한

동 능가하다, ~보다 뛰어나다
She surpassed me in arithmetic.
그녀는 산수에서 나를 능가했다.

---

geography
[dʒiːάgrəfi / dʒiɔ́g-]
geographical 형 지리학적인
geographer 명 지리학자

명 지리학
The children were learning about the geography of
Australia. 그 아이들은 오스트레일리아의 지리에 관해 배우고 있었다.

---

prompt
[prɑmpt / prɔmpt]
promptly 부 신속히, 즉시

형 신속한, 즉시의 동 자극[촉구]하다
They were prompt to volunteer.
그들은 즉시 지원했다.

---

reserve
[rizə́ːrv]
reservation 명 예약

동 예약하다
May I reserve a table for two at 9 tomorrow night?
내일 밤 9시에 2인용 테이블을 예약 할 수 있을까요?

contaminate
[kəntǽmənèit]
contamination 몡 오염, 타락

(동) **오염시키다**, 더럽히다
Flies contaminate food.
파리는 음식물을 오염시킨다.

germ
[dʒəːrm]

(명) **세균**
Germs are invisible to the naked eye.
세균은 육안으로 볼 수 없다.

landscape
[lǽndskèip]

(명) **풍경**, 경치
She took a picture of the beautiful landscape.
그녀는 그 아름다운 풍경을 사진에 담았다.

roam
[roum]
roamer 몡 방랑자

(동) **거닐다**, 방랑[배회]하다 (명) 배회
He roamed from town to town.
그는 이 마을 저 마을을 거닐었다.

scheme
[skiːm]

(명) **계획**
They formed a scheme of building a new bridge.
그들은 새 교량 건설 계획을 세웠다.

nurture
[nə́ːrtʃər]

(동) **양육하다**, 교육하다 (명) 양육, 육성, 교육
She nurtures her children in a loving environment.
그녀는 자녀들을 사랑의 환경에서 양육한다.

taste
[teist]

(명) **맛**, 취미, 기호 (동) 맛 보다, 맛이 나다
The five senses are sight, hearing, touch, smell and taste.
오감은 시각, 청각, 촉각, 후각, 미각이다.

reckless
[réklis]
recklessly 뿐 무모하게

(형) **무모한**, 분별없는
He made a reckless decision.
그는 무모한 결정을 했다.

conceit
[kənsíːt]
conceited 형 자만심이 강한

(명) **자부심**, 자만
She has a great conceit regarding her own beauty.
그녀는 자신의 미모에 큰 자부심을 가지고 있다.

protect
[prətékt]
protective 형 보호하는
protection 명 보호

(동) **보호하다**, 지키다
His work is no longer protected under copyright.
그의 작품은 더 이상 저작권의 보호를 받지 않는다.

inspect
[inspékt]
inspection 몡 조사, 검사
inspector 몡 검열관

동 조사하다, 검사하다
Immigration officers inspected my passport.
출입국 관리들이 내 여권을 검사했다.

excellent
[éksələnt]
excel 동 뛰어나다, 탁월하다
excellence 몡우수, 탁월

혱 우수한, 훌륭한, 뛰어난
He will make an excellent scholar.
그는 우수한 학자가 될 것이다.

responsibility
[rispànsəbíləti / -spɔ̀n-]
responsible 혱 책임 있는

몡 책임, 의무
The ultimate responsibility rested with him.
궁극적인 책임은 그에게 있었다.

ardent
[áːrdənt]
ardor 몡 열정, 열의
ardently 閅 열렬히

혱 열렬한, 격렬한
He is an ardent fan of soccer game.
그는 축구경기의 열렬한 팬이다.

utter
[ʌ́tər]
utterance 몡 발언, 발표
utterly 閅 아주, 전혀

동 (목소리·말 따위를) 내다, 말하다 혱 완전한
I will utter my view on the subject.
나는 그 주제에 관해 내 의견을 말할 것이다.

exact
[igzǽkt]
exactly 閅 정확하게

혱 정확한, 정밀한, 꼼꼼한
Tell me exactly how the things all turned out.
일이 모두 어떻게 되었는지 나에게 정확히 말해 줘.

result
[rizʌ́lt]

몡 결과 동 (결과로) 생기다
He was anxious to know the result of the test.
그는 시험의 결과를 무척 알고 싶어 했다.

scent
[sent]

몡 냄새, 향기
The scent of fruits filled the air.
과일의 향기가 주위를 가득 채웠다.

liquid
[líkwid]

몡 액체 혱 액체의
The containers are unsuitable for storing any kind of liquid. 그 용기들은 어떤 종류의 액체라도 담기에 적합하지 않다.

warehouse
[wέərhàus]

몡 창고
Goods are transported by train and then trucked to the warehouse. 물건은 기차로 운송된 후 창고까지 트럭으로 운반된다.

ceremony
[sérəmòuni / -məni]

몡 의식
They performed a solemn ceremony.
그들은 엄숙한 의식을 거행했다.

potential
[poutén∫əl]
potentiality 몡 가능성, 잠재성

혱 잠재적인, 가능한 몡 잠재력, 가능성
She has potential as an artist.
그녀는 예술가로서의 잠재력을 가지고 있다.

urban
[ə́:rbən]

혱 도시의, 도시에 사는
More and more people are moving from urban to rural areas. 도시에서 농촌 지역으로 이주하는 사람이 점점 더 늘고 있다.

reputation
[rèpjətéi∫ən]
reputable 혱 평판이 좋은

몡 평판, 명성
He has a good reputation as a doctor.
그는 의사로서의 명성이 높다.

avoid
[əvɔ́id]
avoidance 몡 회피
avoidable 혱 피할 수 있는

동 피하다, 회피하다
He's been avoiding me like the plague since our quarrel.
우리가 싸운 뒤로 그는 나를 회피하고 있다.

pledge
[pledʒ]

몡 서약, 맹세, 보증 동 서약[맹세]하다, 저당 잡히다
He gave a pledge never to reveal the secret
그는 비밀을 누설하지 않겠다는 맹세를 했다.

■ content
1. (pl.)내용(물) 2. (pl.)목차 3.만족하다

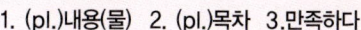

1. I checked the contents of the bag.
   나는 가방 안에 있는 내용물을 확인했다.

2. Look at the table of contents before you buy a book.
   책을 사기 전에 목차를 봐라.

3. He is content with what he has.
   그는 그가 가진 것에 만족한다.

Too many cooks spoils the broth.
너무 많은 요리사가 스프를 망친다.

---

immune
[imjúːn]
immunity 몡 면역, 면제

혱 **면역성의**
Your body has an immune system to keep germs.
사람의 몸은 병균을 막는 면역 체계를 가지고 있다.

---

entrust
[entrʌ́st]
entrustment 몡 위탁, 위임

동 **위임하다**
She entrusted her financial affairs to her accountant.
그녀는 회계사에게 재정 업무를 위임했다.

---

disgrace
[disgréis]
disgraceful 혱 수치스러운

몡 **불명예, 수치**
You must choose between death and disgrace.
너는 죽음과 불명예 중에서 어느 하나를 선택해야만 한다.

---

philosophy
[filάsəfi / -lɔ́s-]
philosopher 몡 철학자

몡 **철학**
He has an optimistic philosophy of life.
그는 낙천적인 인생철학을 가지고 있다.

---

withdraw
[wiðdrɔ́ː, wiθ-]
withdrawal 몡 인출, 철수, 탈퇴

동 **(돈을) 인출하다, 꺼내다, 물러나다, 철수하다**
I withdrew $500 from my savings account.
나는 내 계좌에서 500달러를 인출했다.

disgust
[disgʌ́st]
disgusting 혱 혐오스러운

뗑 혐오감, 싫음　통 혐오감을 주다
I felt disgust at his behavior.
나는 그의 행동에 혐오감을 느꼈다.

evaporate
[ivǽpərèit]
evaporation 뗑 증발(작용),
　　　　　　　(수분의) 발산

통 증발하다
The water soon evaporated in the sunshine.
그 물은 햇빛에 곧 증발했다.

frown
[fraun]

통 얼굴을 찡그리다　뗑 얼굴을 찡그림
You frown when you are angry.
너는 화가 나면 얼굴을 찡그린다.

steer
[stiər]

통 조종하다, (어떤 방향으로) 돌리다,　키를 잡다
We steered a ship westward.
우리는 배를 서쪽으로 돌렸다.

vanish
[vǽniʃ]

통 사라지다, 소멸하다
The thief vanished into the crowd.
그 도둑은 군중 속으로 사라졌다.

planet
[plǽnət]

뗑 행성
Venus is the nearest planet to Earth within the solar system. 금성은 태양계 내에서 지구와 가장 가까운 행성이다.

shade
[ʃeid]

뗑 그늘, 응달　통 그늘지게 하다, 가리다
The shade moves with the sun.
그늘은 해와 더불어 이동을 한다.

pedestrian
[pədéstriən]

뗑 보행자
Pedestrians are protecting themselves from the rain.
보행자들이 비를 피하고 있다.

ancestor
[ǽnsestər, -səs-]

뗑 조상, 선조
We have a religious ceremony for our ancestors on Chusok. 우리는 추석에 조상들에게 차례를 지낸다.

enhance
[enhǽns, -hɑ́:ns]
enhancement 뗑 증진, 증강

통 강화하다, (가치, 매력 따위를) 높이다
We have enhanced our production efficiency recently.
우리는 최근 우리의 생산능률을 강화했다.

confuse
[kənfjúːz]
confusion 명 혼동, 혼란
confused 형 당황한

동 혼동하다, 당황하게 하다
I always confuse him with his brother.
나는 항상 그를 그의 형과 혼동한다.

property
[prápərti / prɔ́p-]

명 재산, 소유물, 특성
Both of us lay claim to the property.
우리 둘 다 그 재산에 대한 권리를 주장했다.

stumble
[stʌ́mbəl]

동 비틀거리다, 말을 더듬다
I stumbled over a tree root.
나는 나무뿌리에 발이 걸려 비틀거렸다.

eminent
[émənənt]
eminence 명 (지위, 신분 따위의) 높음

형 저명한, 뛰어난
He is an eminent philosopher and mathematician.
그는 저명한 철학자이자 수학자이다.

congratulate
[kəngrǽtʃəlèit]
congratulation 명 축하

동 축하하다
I congratulate you on your engagement.
약혼을 축하합니다.

mislead
[mislíːd]
misleading 형 잘못 인도하는

동 잘못 인도하다, 오해하게하다
Our guide misled us at the airport.
안내인이 공항에서 우리를 잘못 안내했다.

coincide
[kòuinsáid]
coincidence 명 동시발생, 일치

동 동시에 일어나다, 일치하다
They coincide with each other in their views.
그들은 서로 의견이 일치했다.

astronomy
[əstránəmi / -trɔ́n-]
astronomical 형 천문학상의

명 천문학
The professor is devoted to astronomy.
그 교수는 천문학에 전념하고 있다.

terrible
[térəbəl]
terrify 동 무섭게 하다
terror 명 공포

형 끔찍한, 무서운
I dreamt a terrible dream.
나는 무서운 꿈을 꾸었다.

mission
[míʃən]
missionary 명 선교사

명 임무, 사절(단), 전도
She was charged with an important mission.
그녀에게는 중요한 임무가 부과되었다.

recognize
[rékəgnàiz]
recognition 몡 알아봄, 인정

통 알아보다, 인정하다
The victim recognized the suspect.
피해자는 용의자를 알아봤다.

visible
[vízəbəl]
vision 몡 미래상, 상상력, 시력

혱 (눈에) 보이는, 명백한
Love is not visible but valuable.
사랑은 보이지 않지만 소중한 것이다.

magnificent
[mægnífəsənt]
magnificence 몡 웅대, 장엄

혱 장엄한, 웅대한
The tourists admired the magnificent spectacle.
관광객들은 그 장엄한 광경에 탄복했다.

occasion
[əkéiʒən]
occasionally 뮈 때때로

몡 (특정한) 경우, 기회
I couldn't take an occasion to tell her.
나는 그녀에게 말할 기회를 잡을 수가 없었다.

guilty
[gílti]
guilt 몡 죄

혱 유죄의
The jury found him guilty.
배심원은 그에게 유죄를 선고했다.

burden
[bə́ːrdn]
burdensome 혱 부담이 되는

몡 무거운 짐, 부담 통 짐을 지우다
It was a heavy burden to bear.
그것은 견디기 어려운 부담이었다.

■ correspond

1.서신 왕래하다, 교신하다 2. 일치하다 3.해당하다

1. We have corresponded but never met.
   우리는 서신 왕래가 있었으나 만난 일은 없다.

2. Your account and hers correspond.
   당신의 설명과 그녀의 설명이 일치한다.

3. The broad lines on the map correspond to roads.
   지도상의 굵은 선은 도로에 해당한다.

A. 아래 단어의 뜻을 쓰시오.

1. shelter _____	2. surpass _____
3. geography _____	4. prompt _____
5. reserve _____	6. contaminate_____
7. germ _____	8. landscape _____
9. roam _____	10. scheme _____
11. nurture _____	12. taste _____
13. reckless _____	14. conceit _____
15. protect _____	16. inspect _____
17. excellent _____	18. responsibility_____
19. ardent _____	20. utter _____
21. exact _____	22. result _____
23. scent _____	24. liquid _____
25. warehouse _____	26. ceremony _____
27. potential _____	28. urban _____
29. reputation _____	30. avoid _____
31. pledge _____	32. immune _____
33. entrust _____	34. disgrace _____
35. philosophy _____	36. withdraw _____
37. disgust _____	38. evaporate _____
39. frown _____	40. steer _____
41. vanish _____	42. planet _____
43. shade _____	44. pedestrian _____
45. ancestor _____	46. enhance _____
47. confuse _____	48. property _____
49. stumble _____	50. eminent _____

51. congratulate_____ 52. mislead _____

53. coincide _____ 54. astronomy _____

55. terrible _____ 56. mission _____

57. recognize _____ 58. visible _____

59. magnificent _____ 60. occasion _____

61. guilty _____ 62. burden _____

B. 빈칸에 알맞은 단어를 넣으시오.

1. There was no _____ from the rain near here.
   이 근처에는 비를 피할 피난처가 없었다.

2. She took a picture of the beautiful _____ .
   그녀는 그 아름다운 풍경을 사진에 담았다.

3. She has a great _____ regarding her own beauty.
   그녀는 자신의 미모에 큰 자부심을 가지고 있다.

4. I will _____ my view on the subject.
   나는 그 주제에 관해 내 의견을 말할 것이다.

5. They performed a solemn _____ .
   그들은 엄숙한 의식을 거행했다.

6. You must choose between death and _____ .
   너는 죽음과 불명예 중에서 어느 하나를 선택해야만 한다.

7. Venus is the nearest _____ to Earth within the solar system.
   금성은 태양계 내에서 지구와 가장 가까운 행성이다.

8. We have _____ our production efficiency recently.
   우리는 최근 우리의 생산능률을 강화했다.

9. Both of us lay claim to the _____ .
   우리 둘 다 그 재산에 대한 권리를 주장했다.

10. I dreamt a _____ dream.
    나는 무서운 꿈을 꾸었다.

11. I couldn't take an _____ to tell her.
    나는 그녀에게 말할 기회를 잡을 수가 없었다.

■ A·B : 본문참조

35 From labour health, from health contentment spring.

노동에서 건강이 생기고 건강에서 만족이 솟아오른다.

remain
[riméin]

[동] 남아 있다, 여전히 ~이다 [명] (pl.)유적, 유물

To my surprise, the old cabin remained unchanged.
놀랍게도 그 낡은 오두막은 변치 않은 채 남아 있었다.

spectacular
[spektǽkjələr]
spectacle [명] 광경, 장관, (pl.)안경
spectator [명] 관객

[형] 장관의, 구경거리의, 볼 만한

The view from up there is spectacular.
저 위에서 보는 전경은 정말 장관이다.

cancel
[kǽnsəl]

[동] 취소하다

She cancelled her subscription to the charity.
그녀는 그 자선기관에 대한 기부를 취소했다.

mist
[mist]

[명] (엷은) 안개

The hills were wreathed in mist.
언덕은 안개로 둘러싸여 있었다.

vogue
[voug]

[명] 유행, 인기

The novel had a great vogue in its day.
그 소설은 당시에 대단한 인기였다.

independent
[ìndipéndənt]
independence 명 독립

형 **독립한**, 독립심이 강한
Our country is an independent republic.
우리나라는 독립 공화국이다.

---

survey
[sə:rvéi]

명 **조사**, 개관, 측량 동 **조사하다**, 개관하다
He surveyed me from head to foot.
그는 머리부터 발끝까지 나를 조사했다.

---

necessity
[nisésəti]
necessary 형 필요한
necessitate 동 필요로 하다

명 **필요(성)**, 필수품, 필연성
Necessity is the mother of invention.
필요는 발명의 어머니다.

---

applaud
[əplɔ́:d]
applause 명 박수갈채, 칭찬

동 **박수갈채를 보내다**, 칭찬하다
The crowd is applauding the performers.
군중이 그 공연에 박수갈채를 보내고 있다.

---

float
[flout]

동 **뜨다**, 떠(돌아) 다니다
Wood floats on water but metal sinks.
나무는 물에 뜨지만 금속은 가라앉는다.

---

vacuum
[vǽkjuəm, -kjəm]

명 **진공** 형 **진공의**
Sound does not travel in a vacuum.
소리는 진공에서 전달되지 않는다.

---

litter
[lítər]

명 **쓰레기** 동 **어지럽히다**, 흩뜨리다
Please deposit litter in the bin.
휴지는 쓰레기통에 넣어 주세요.

---

weary
[wíəri]
weariness 명 피로, 실증

형 **지친**, 싫증이 난 동 **지치게 하다**, 싫증나다
He was weary from too much reading.
그는 책을 너무 많이 읽어 지쳐 있었다.

---

tablet
[tǽblit]

명 **알약**, 정제, 명판(銘板)
Take two tablets at hourly intervals.
한 시간 간격으로 두 알약을 드세요.

---

comfort
[kʌ́mfərt]
comfortable 형 안락한

명 **위안**, 안락 동 **위로하다**
She is a great comfort to her parents.
그녀는 부모님에게 큰 위안이 된다.

ignore
[ignɔ́ːr]
ignorance 몡 무지
ignorant 혱 무지한

동 무시하다
You've been ignoring me all the time.
당신은 언제나 나를 무시해 왔다.

pure
[pjuər]
purity 몡 순수, 청결
purify 동 깨끗하게 하다

혱 순수한, 깨끗한
She has pure thought.
그녀는 순수한 생각을 가지고 있다.

branch
[bræntʃ, brɑːntʃ]

몡 나뭇가지, 지점, 부분
The firm has closed down its Korea branch.
그 회사는 한국 지점을 폐쇄했다.

tend
[tend]
tendency 몡 경향
tendencious 혱 경향을 나타내는

동 경향이 있다, 돌보다
This area tends to snow a lot in the winter.
이 지역은 겨울에 눈이 많이 오는 경향이 있다.

absurd
[əbsə́ːrd, -zə́ːrd]

혱 어리석은, 불합리한
It was absurd of me to think that you loved me.
당신이 나를 사랑한다고 생각하다니 내가 어리석었다.

flame
[fleim]

몡 불꽃, 화염   동 타오르다
All the buildings perished in flames.
모든 건물이 불꽃 속에 싸여 사라져 버렸다.

silly
[síli]

혱 어리석은
She has blown all sorts of silly rumors about.
그녀는 갖가지 어리석은 소문을 퍼뜨렸다.

noble
[nóubəl]
nobility 몡 고결함
nobly 뮈 기품 있게

혱 고귀한   몡 귀족
She was impressed by his noble bearing.
그녀는 그의 고귀한 태도에 반했다.

chore
[tʃɔːr]

몡 집안일, 허드렛일, 잡일
He helped mother with her chores.
그는 어머니의 집안일을 거들어 드렸다.

transfer
[trænsfə́ːr]

동 갈아타다, 옮기다, 이동하다   몡 환승, 이동
Did she transfer to a different department?
그녀는 다른 부서로 옮겼나요?

expend
[ikspénd]
expenditure 몡 소비, 지출

동 소비하다, 지출하다
They expended a lot of time and effort on the project.
그들은 그 계획에 많은 시간과 노력을 소비했다.

athlete
[ǽθliːt]
athletic 혱 운동의, 체육의
athletics 몡 운동, 육상경기

몡 운동선수
The man was known for being a great athlete.
그 남자는 뛰어난 운동선수로 알려져 있었다.

stretch
[stretʃ]

동 (손발 등을) 펴다, 늘이다 몡 뻗음
The man is stretching his arms.
남자가 팔을 쭉 펴고 있다.

fancy
[fǽnsi]
fantasy 몡 공상, 환상
fantastic 혱 환상적인

몡 공상, 좋아함 동 공상하다 혱 공상의
Elves are creatures of fancy.
요정들은 상상 속의 창조물이다.

endow
[endáu]
endowment 몡 기부, 재능

동 (능력, 자질 등을) 부여하다, 기부하다
We are all endowed with a conscience.
우리 모두에게는 양심이 부여되어 있다.

notable
[nóutəbəl]
notably 틘 현저하게

혱 주목할 만한
Getting both sides to agree was a notable achievement.
양측이 다 찬성하도록 만든 것은 주목할 만한 성과이다.

■ count
다의어

1. 세다, 계산하다 2. 중요하다 3. 생각[간주]하다

1. Let's count from one to twelve.
   1에서 12까지 세어 봅시다.

2. Quickness is what counts in volleyball.
   배구 경기는 순발력이 중요하다.

3. I count myself lucky.
   나는 운이 좋다고 생각한다.

36 The best things in life are free.
인생에서 최고의 것은 자유이다.

인생에서 최고의 것은 자유였어.

먹는 게 최고 아닌가?

---

diffuse
[difjúːz]
diffusion ⑲ 보급, 유포

⑧ 퍼뜨리다, 보급하다
His fame is diffused throughout the city.
그의 명성은 시중에 널리 퍼져 있다.

---

odd
[ɑd / ɔd]
odds ⑲ 가망, 가능성

⑲ 이상한, 임시의, 홀수의
She has some odd conceptions about life.
그녀는 인생에 대해 뭔가 이상한 개념을 가지고 있다.

---

explain
[ikspléin]
explanation ⑲ 설명

⑧ 설명하다
She explained the problem to me.
그녀가 나에게 그 문제를 설명하였다.

---

splendid
[spléndid]
splendor ⑲ 반짝임, 호화

⑲ 화려한, 훌륭한
The guests appeared in splendid array.
손님들은 화려한 옷을 입고 나타났다.

---

fragment
[frǽgmənt]

⑲ 조각, 파편
The bottle burst into fragments.
그 병이 터져서 산산조각이 났다.

access
[ǽkses]
accessible 혱 접근하기 쉬운
accession 혱 접근

혱 접근, 출입 동 접근하다
The only access to the village is by boat.
그 마을로 접근하는 유일한 방법은 배를 타는 것이다.

dubious
[djúːbiəs]
dubiously 뿐 의심스럽게

혱 의심스러운, 미덥지 않은
He made several calls on the most dubious of pretexts.
그는 가장 미덥지 못한 핑계로 몇 차례 전화를 했다.

campaign
[kæmpéin]

혱 (사회적, 정치적)운동, 캠페인
They had a campaign against smoking.
그들은 금연 운동을 벌였다.

perfect
[pə́ːrfikt]
perfectly 뿐 완전히

혱 완전한, 완벽한
She has a perfect English accent.
그녀는 완벽한 영어 발음을 가졌다.

sprain
[sprein]

동 삐다, 접질리다
The piano player has sprained his wrist.
피아노 연주자는 손목을 삐었다.

stiff
[stif]
stiffen 동 딱딱해지다, 경직되다

혱 뻣뻣한, 경직된
She adopted a stiff, formal pose.
그녀는 뻣뻣하고 격식적인 자세를 취했다.

entertain
[èntərtéin]
entertainment 혱 오락, 연예
entertainer 혱 연예인

동 즐겁게 하다, 대접하다
The magician entertains the company by tricks.
마술사는 묘기로 사람들을 즐겁게 한다.

vast
[væst, vɑːst]
vastly 뿐 대단히, 크게

혱 거대한, 대단한, 큰
I feel awe when I stand near vast mountains.
나는 거대한 산 근처에 서 있으면 경외감을 느낀다.

perish
[périʃ]

동 죽다, 멸망하다
Where force prevails, right perishes.
폭력이 세력을 얻으면 정의는 죽는다.

criticize
[krítisàiz]
criticism 혱 비평, 비판
critical 혱 비판적인

동 비판[비평]하다, 비난하다
This novel was criticized as being too gloomy.
이 소설은 너무 우울하다는 비평을 받았다.

approach
[əpróuʧ]

명 접근 동 접근하다

The plane reduced speed as it approached the airport.
그 비행기는 공항에 접근하면서 속도를 줄였다.

dangerous
[déindʒərəs]
danger 명 위험

형 위험한

He warned me that the beast was very dangerous.
그는 그 짐승은 매우 위험하다고 나에게 경고했다

faith
[feiθ]
faithful 형 충실한, 성실한

명 믿음, 신뢰

Faith is a certitude without proofs.
믿음은 증거 없는 확신이다.

certify
[sə́:rtəfài]
certificate 명 증명서

동 증명하다, 보증하다

I certify that he is a diligent student.
나는 그가 착실한 학생임을 보증한다.

proficient
[prəfíʃənt]
proficiency 명 능숙, 숙달

형 숙련된, 능숙한

He has become reasonably proficient at his job.
그는 그의 일에 상당히 숙달되어 있다.

slender
[sléndər]

형 날씬한, 호리호리한

She is tall and slender.
그녀는 키가 크고 날씬하다.

guarantee
[gæ̀rəntí:]

명 보증 동 보증하다

Money does not guarantee happiness.
돈이 행복을 보증하지는 않는다.

blossom
[blásəm / blɔ́s-]

명 (과수의)꽃, 개화, 만발 동 꽃피다, 번영하다

The cherry blossoms are at their best in this week.
벚꽃은 이번 주가 그들의 최상이다.

conspicuous
[kənspíkjuəs]

형 눈에 띄는, 잘 보이는, 뚜렷한

There was no conspicuous road sign in that highway.
그 도로에는 눈에 뛰는 도로 표지가 없었다.

abuse
[əbjú:z]

동 남용하다, 학대하다, 모욕하다 명 남용, 학대, 모욕

He is abusing his authority.
그는 그의 권한을 남용했다.

wage
[weidʒ]

뗑 임금, (주로 시간급, 일급, 주급 따위)급료
They demanded a wage increase in front of the factory.
그들은 공장 앞에서 임금 인상을 요구했다.

sly
[slai]

뗑 교활한, 간교한
He was as sly as a fox.
그는 여우같이 교활한 사람이었다.

narrate
[nǽreit]

narration 뗑 서술, 이야기하기
narrator 뗑 해설자

똥 이야기하다, 말하다
She narrated her story to us.
그녀는 자신의 이야기를 우리에게 들려주었다.

agony
[ǽgəni]

뗑 번민, 고통
He stood outside the door in an agony of indecision.
그는 결정을 내리지 못하고 문밖에서 번민하며 서 있었다.

limit
[límit]

limitation 뗑 한계, 제한
limited 뗑 제한된

똥 제한하다, 한정하다   뗑 한계
There is a limit to everything.
모든 일에는 한계가 있는 법이다.

■ **cover**

1. 덮다   2. 담당하다   3. 보호하다   4. (책의) 표지

1. We covered the hole with a sheet of cardboard.
   우리는 한 장의 판지로 그 구멍을 덮었다.

2. Our representatives cover a very large territory.
   우리의 대표들은 아주 넓은 지역을 담당한다.

3. This insurance will not cover your personal goods.
   이 보험이 네 개인 재산을 보호하지는 않을 것이다.

4. Her picture was on the cover of the magazine.
   그녀의 사진이 잡지 표지에 나와 있었다.

A. 아래 단어의 뜻을 쓰시오.

1. remain _____	2. spectacular _____
3. cancel _____	4. mist _____
5. vogue _____	6. independent_____
7. survey _____	8. necessity _____
9. applaud _____	10. float _____
11. vacuum _____	12. litter _____
13. weary _____	14. tablet _____
15. comfort _____	16. ignore _____
17. pure _____	18. branch _____
19. tend _____	20. absurd _____
21. flame _____	22. silly _____
23. noble _____	24. chore _____
25. transfer _____	26. expend _____
27. athlete _____	28. stretch _____
29. fancy _____	30. endow _____
31. notable _____	32. diffuse _____
33. odd _____	34. explain _____
35. splendid _____	36. fragment _____
37. access _____	38. dubious _____
39. campaign _____	40. perfect _____
41. sprain _____	42. stiff _____
43. entertain _____	44. vast _____
45. perish _____	46. criticize _____
47. approach _____	48. dangerous _____
49. faith _____	50. certify _____

51. proficient   _____
52. slender   _____
53. guarantee   _____
54. blossom   _____
55. conspicuous_____
56. abuse   _____
57. wage   _____
58. sly   _____
59. narrate   _____
60. agony   _____
61. limit   _____

B. 빈칸에 알맞은 단어를 넣으시오.

1. The view from up there is _____ .
   저 위에서 보는 전경은 정말 장관이다.

2. _____ is the mother of invention.
   필요는 발명의 어머니다.

3. She is a great _____ to her parents.
   그녀는 부모님에게 큰 위안이 된다.

4. It was _____ of me to think that you loved me.
   당신이 나를 사랑한다고 생각하다니 내가 어리석었다.

5. Elves are creatures of _____ .
   요정들은 상상 속의 창조물이다.

6. She has some _____ conceptions about life.
   그녀는 인생에 대해 뭔가 이상한 개념을 가지고 있다.

7. The piano player has _____ his wrist.
   피아노 연주자는 손목을 삐었다.

8. The plane reduced speed as it _____ the airport.
   그 비행기는 공항에 접근하면서 속도를 줄였다.

9. I _____ that he is a diligent student.
   나는 그가 착실한 학생임을 보증한다.

10. They demanded a _____ increase in front of the factory.
    그들은 공장 앞에서 임금 인상을 요구했다.

11. There is a_____ to everything.
    모든 일에는 한계가 있는 법이다

■ A·B : 본문참조

37 The sparrow near a school sings the primer.

학교 근처의 참새는 입문서를 중얼거린다.

하늘 천 따지!
히야! 서당개 3년에 풍월을 읊는구나.

strategy
[strǽtədʒi]
strategic [형] 전략(상)의

[명] 전략, 전술
The general was a master of strategy.
그 장군은 전략의 명수였다.

progress
[prágres / próug-]
progressive [형] 전진하는, 진보주의의

[동] 전진하다, 진보하다, 진척되다 [명] 전진, 진보
Without competition, progress stops.
경쟁이 없으면 진보는 멈춘다.

adapt
[ədǽpt]
adaptable [형] 적응할 수 있는

[동] 적응시키다, 개작하다
She easily adapted herself to a new environment.
그녀는 새 환경에 쉽게 적응했다.

distance
[dístəns]
distant [형] (거리가)먼

[명] 거리, 간격
We saw a light in the distance.
우리는 먼 거리의 불빛을 보았다.

calculate
[kǽlkjəlèit]
calculation [명] 계산

[동] 계산하다
I calculated profits and losses.
나는 손익을 계산했다.

spread
[spred]

동 퍼지다, 펼치다　명 퍼짐, 확장

The rumor spread through all over the town.
그 소문은 온 동네에 퍼졌다.

pardon
[páːrdn]

동 용서하다　명 용서, 관용, 관대

Grandmother pardons us when we misbehave.
우리가 버릇없이 굴 때 할머니는 우리를 용서해 주신다.

accordance
[əkɔ́ːrdəns]

accord 동 일치하다, 조화하다
accordingly 부 따라서, 그러므로

명 일치, 조화

They built the ship in accordance with the plans.
그들은 설계도에 일치되게 그 배를 건조했다.

instruct
[instrʌ́kt]

instructive 형 교훈적인
instructor 명 교사, 지도자

동 가르치다, 지시하다

She instructed the trainee nurses in giving injections.
그녀는 견습 간호사들에게 주사 놓는 법을 가르쳤다.

certain
[sə́ːrtən]

certainty 명 확실(성)
certainly 부 확실히

형 어떤, 확실한, 확신하는

Certain bacteria cause diseases.
어떤 박테리아는 질병을 일으킨다.

fortitude
[fɔ́ːrtətjùːd]

명 인내, 용기

He bore the pain with great fortitude.
그는 고통을 대단한 인내로 참아냈다.

vibrate
[váibreit, vaibréit]

vibrant 형 활기찬, 강렬한
vibration 명 진동, 떨림

동 진동하다, 흔들리다

The whole house vibrates whenever a heavy truck
passes. 무거운 트럭이 지나갈 때마다 집 전체가 흔들린다.

bond
[band / bɔnd]

명 유대, 결합, 묶는[매는] 것, 끈, 채권

There should be a bond of affection between the members
of a family. 가족 구성원 간에는 애정의 결합이 있어야 한다.

ally
[əlái, ǽlai]

동 동맹하다, 제휴하다　명 동맹국, 연합국, 협력자

English and France were allied in World War II
영국과 프랑스는 2차 세계대전 때 동맹을 맺었다.

spill
[spil]

동 엎지르다, 쏟다　명 엎지름

He knocked the bucket over and all the water spilt out.
그가 양동이를 쳐 넘어뜨려 온통 물이 다 쏟아졌다.

economy
[ikánəmi / -kón-]
economic 형 경제의
economical 형 경제적인

명 경제, 절약
The state of the economy is very worrying.
경제 사정이 매우 걱정스럽다.

rumor
[rú:mər]

명 소문
As she started a rumor, the rumor have spread over her village. 그녀가 소문을 내자 그 소문이 온 마을에 퍼졌다.

speculate
[spékjəlèit]
speculation 명 사색, 추측, 투기

동 숙고[사색]하다, 추측하다, 투기하다
The philosopher speculated about time and space.
그 철학자는 시간과 공간에 대해 숙고했다.

accommodate
[əkámədèit, əkóm-]
accommodation 명 숙박시설,
　　　　　　　　편의, 적응

동 편의를 제공하다, 수용하다, 조정하다
The conference room can accommodate up to a thousand people. 그 회의실은 천 명까지 수용할 수 있다.

boast
[boust]
boastful 형 자랑하는, 뽐내는

동 자랑하다, 뽐내다　명 자랑
He boasted that he was the best player in the team.
그는 자기가 팀의 최우수 선수라고 뽐냈다.

nature
[néitʃər]
natural 형 자연스러운
naturally 부 자연히, 당연히

명 자연, 천성, 성질
The mystery of nature is wonderful.
자연의 신비는 경이롭다.

graze
[greiz]

동 (가축이) 풀을 뜯어먹다, 방목하다
The sheep are grazing on the pasture.
양들이 목장에서 풀을 뜯고 있다.

imperial
[impíəriəl]
imperialism 명 제국주의

형 황제의, 제국의
He ascended the Imperial throne.
그는 황제의 자리에 올랐다.

strengthen
[stréŋkθən]
strength 명 강점, 힘
strong 형 강한

동 강화하다, 강해지다
The soldiers strengthened their fortress.
군인들은 자신들의 요새를 강화했다.

deliver
[dilívər]
delivery 명 배달

동 배달하다, 전하다
We can deliver in 24 hours.
우리는 24시간 안에 배달합니다.

complain
[kəmpléin]
complaint 명 불평

동 불평하다, 항의하다
Just listen to one ear and the other when the he complains. 그가 불평할 땐 한쪽 귀로 듣고 한쪽으로 흘려라.

perfume
[pə́:rfju:m, pərfjú:m]

명 향수, 향기
Perfume is also a pleasant natural smell.
향수는 기분 좋은 천연의 냄새이기도 하다.

vain
[vein]
vanity 명 허영심

형 헛된, 허영심이 강한
She was very vain about her own beauty.
그녀는 자신의 아름다움에 대한 허영심이 강했다.

aware
[əwɛ́ər]

형 알고 있는
I made as if I was not aware of his presence.
나는 그가 있는 것을 알아차리지 못한 체했다.

proportion
[prəpɔ́:rʃ∂n]
proportional 형 비례의

명 비례, 균형, 조화
Her figure is perfectly in proportion.
그녀의 자태는 완벽한 균형을 이루고 있다.

■ credit

1.신용 2.명예 3.외상 4.믿다, 신용하다

1. Many people use credit cards.
   많은 사람들이 신용 카드를 사용한다.

2. He is a credit to his family.
   그는 가문의 명예이다.

3. This store does not give credit.
   이 가게는 외상이 안 된다.

4. I can't credit that story.
   나는 그런 이야기를 믿을 수 없다.

38 Never put off till tomorrow what may be done.

오늘 할 수 있는 일을 내일로 미루지 말라.

solution [səljúːʃən]
solve [동] 해결하다

[명] 해결, 용해
There's no easy solution to this problem.
이 문제에는 쉬운 해결책이 없다.

beat [biːt]

[동] (계속해서) 치다, (심장 등이) 뛰다, 이기다 [명] 때리기, (심장의)고동, 박자
The rain beats against the window.
비가 계속해서 유리창을 친다.

various [vɛ́əriəs]
variety [명] 변화, 다양(성)
vary [동] 변화를 주다

[형] 다양한
The school offers exciting and various programs.
학교는 흥미 있고 다양한 프로그램들을 제공한다.

accomplish [əkάmpliʃ, əkɔ́m-]
accomplishment [명] 성취, 업적

[동] (목적 등을)달성하다, 성취하다
He accomplished the great undertaking at last.
그는 마침내 목적을 달성했다.

contain [kəntéin]
content [명] 내용
container [명] 용기, 그릇

[동] 포함하다
The memo contains all the ideas that had been discussed at that time. 이 메모에는 당시 토의된 모든 아이디어가 포함되어 있다.

frighten
[fráitn]
fright 명 공포, 경악
frightful 형 무서운, 굉장한

동 놀라게 하다, 무섭게 하다

His aggressive behaviour frightens me sometimes.
그의 공격적인 행동은 가끔 나를 무섭게 한다.

recite
[risáit]

동 암송하다, 낭독하다

She recites a poem with expression.
그녀는 감정을 넣어서 시를 암송한다.

indispensable
[ìndispénsəbəl]
indispensability 명 필수,
불가결함

형 필요한, 없어서는 안 될

This dictionary is indispensable for students.
이 사전은 학생들에게 꼭 필요한 것이다.

beg
[beg]
beggarly 형 거지같은, 가난한
beggary 명 거지 신세

동 간청하다, 구걸하다

The beggar was begging for bread.
그 거지는 빵을 구걸하고 있었다.

generous
[dʒénərəs]
generosity 명 관대함, 아량

형 관대한, 후한

He is very generous to his children.
그는 자식들에 대해 매우 관대하다.

shift
[ʃift]

동 옮기다, 바꾸다, 바뀌다 명 변화, 교대

We couldn't shift the heavy box.
우리는 그 무거운 상자를 옮길 수가 없었다.

psychology
[saikálədʒi / -kɔ́l-]
psychological 형 심리학의,
심리적인

명 심리(학)

He specialized in social psychology.
그는 사회 심리학을 전공했다.

incline
[inkláin]
inclination 명 경향, 기울기
inclined 형 ~의 경향이 있는

동 (마음이) 기울다, 경향이 있다

I incline to believe that she is innocent.
나는 그녀가 무죄라는 쪽으로 마음이 기운다.

region
[ríːdʒən]
regional 형 지방의

명 지역, 지방

This area is the region without any mountain.
이곳은 산이 없는 지역이다.

dominate
[dámənèit / dɔ́m-]
dominant 형 지배적인
domination 명 지배

동 지배하다

He has dominated the championships for the last few years. 그는 지난 몇 년 동안 그 챔피언 자리를 지배했다.

lick
[lik]

동 핥다
He licked the spoon clean.
그는 숟가락을 깨끗이 핥았다.

satellite
[sǽtəlàit]

명 (인공)위성 형 (인공)위성의
The event was transmitted all over the world by satellite.
그 행사는 위성으로 전 세계에 중계되었다.

manual
[mǽnjuəl]

명 안내서, 소책자 형 수동의
Here's the manual you asked for.
여기 당신이 부탁한 안내서를 가져 왔어요.

attitude
[ǽtitʃùːd]

명 태도
She has a very positive attitude to life.
그녀는 삶에 대해 아주 긍정적인 태도를 지니고 있다.

infer
[infə́ːr]

동 추측하다, 추론하다
I inferred his displeasure from his cool tone of voice.
나는 그의 냉랭한 어조에서 그의 불쾌함을 추측했다.

sacrifice
[sǽkrəfàis]

명 희생 동 희생하다
I will make any sacrifice to save the princess.
나는 그 공주를 구하기 위해 어떤 희생이라도 치르겠다.

prominent
[prámənənt / prɔ́m-]
prominence 명 두드러짐, 탁월

형 현저한, 저명한, 두드러진
His father was a prominent writer.
그의 아버지는 저명한 작가였다.

vomit
[vámit / vɔ́m-]

동 토하다, 분출하다 명 구토(물)
He vomited up all he had eaten.
그는 먹은 것을 모두 토했다.

worth
[wəːrθ]
worthy 형 가치 있는, 훌륭한

명 가치, 부, 재산 형 가치가 있는
The sufferings taught them the worth of liberty.
그 고난이 그들에게 자유의 가치를 가르쳐 주었다.

convenient
[kənvíːnjənt]
convenience 명 편리

형 편리한
A washing machine is a convenient domestic appliance.
세탁기는 편리한 가전용품이다.

flourish
[flə́ːriʃ, flʌ́riʃ]

[동] 번창[번영, 번성]하다
This business flourishes at fairs, festivals and tourist shopping areas. 이 사업은 박람회나 행사장, 관광 쇼핑지 등에서 번창하고 있다.

encounter
[enkáuntər]

[동] 우연히 만나다, 마주치다 [명] (우연히) 만남
I encountered an old friend on the street.
나는 길에서 우연히 옛 친구를 만났다.

blink
[bliŋk]

[동] (눈을) 깜박이다, (등불, 별 등이) 깜박이다 [명] 깜박거림
She blinked in the bright sunlight.
밝은 햇빛 때문에 그녀는 눈을 깜박거렸다.

cling
[kliŋ]

[동] 집착하다, 매달리다
They clung to the floating wreckage.
그들은 표류 중인 난파선 잔해에 매달렸다.

peer
[piər]

[명] 또래, 동료 [동] 응시하다
He peered at her over his spectacles.
그는 안경 너머로 그녀를 응시했다.

sewage
[súːidʒ]

[명] 하수, 폐수
This river was severely polluted with industrial sewage.
이 강은 공장 폐수로 심하게 오염되었다.

다의어

■ **custom**

1.관습 2.고객 3. (pl.) 세관, 관세

1. That is mere a local custom..
그것은 단지 지방의 관습이다.
2. We would like to have your custom.
우리는 당신을 고객으로 모시고 싶습니다.
3. How long does it take to get through customs?
세관을 통과하는 데 얼마나 걸리나요?

A. 아래 단어의 뜻을 쓰시오.

1. strategy _____	2. progress _____
3. adapt _____	4. distance _____
5. calculate _____	6. spread _____
7. pardon _____	8. accordance _____
9. instruct _____	10. certain _____
11. fortitude _____	12. vibrate _____
13. bond _____	14. ally _____
15. spill _____	16. economy _____
17. rumor _____	18. speculate _____
19. accommodate _____	20. boast _____
21. nature _____	22. graze _____
23. imperial _____	24. strengthen _____
25. deliver _____	26. complain _____
27. perfume _____	28. vain _____
29. aware _____	30. proportion _____
31. solution _____	32. beat _____
33. various _____	34. accomplish _____
35. contain _____	36. frighten _____
37. recite _____	38. indispensable _____
39. beg _____	40. generous _____
41. shift _____	42. psychology _____
43. incline _____	44. region _____
45. dominate _____	46. lick _____
47. satellite _____	48. manual _____
49. attitude _____	50. infer _____

51. sacrifice _____
52. prominent _____
53. vomit _____
54. worth _____
55. convenient _____
56. flourish _____
57. encounter _____
58. blink _____
59. cling _____
60. peer _____
61. sewage _____

B. 빈칸에 알맞은 단어를 넣으시오.

1. Without competition, _____ stops.
   경쟁이 없으면 진보는 멈춘다.

2. Grandmother _____ us when we misbehave.
   우리가 버릇없이 굴 때 할머니는 우리를 용서해 주신다.

3. He bore the pain with great _____ .
   그는 고통을 대단한 인내로 참아냈다.

4. The conference room can _____ up to three hundred people.
   그 회의실은 천명까지 수용할 수 있다.

5. _____ is also a pleasant natural smell.
   향수는 기분 좋은 천연의 냄새이기도 하다.

6. His aggressive behaviour _____ me sometimes.
   그의 공격적인 행동은 가끔 나를 무섭게 한다.

7. I _____ to believe that she is innocent.
   나는 그녀가 무죄라는 쪽으로 마음이 기운다.

8. Here's the _____ you asked for.
   여기 당신이 부탁한 안내서를 가져 왔어요.

9. The sufferings taught them the _____ of liberty.
   그 고난이 그들에게 자유의 가치를 가르쳐 주었다.

10. I _____ an old friend on the street.
    나는 길에서 우연히 옛 친구를 만났다.

11. They _____ to the floating wreckage.
    그들은 표류 중인 난파선 잔해에 매달렸다.

■ A·B : 본문참조

39 Beauty is in the eye of the beholder.
아름다움은 보는 사람의 눈에 있다.

나는 이런 여자가 정말 좋더라.

제 눈에 안경인 거지 뭐.

---

cope
[koup]

동 대처하다, 맞서다
How would we cope once the money had gone?
일단 그 돈이 없어지면 우리는 어떻게 대처하지?

---

weaken
[wíːkən]
weak 형 약한
weakness 명 약함, 결점

동 약화시키다
The fall in productivity has weakened the economy.
생산성 하락으로 경제가 약화되었다.

---

huge
[hjuːdʒ, juːdʒ]
hugeness 명 거대, 웅장
hugely 부 거대하게

형 거대한, 막대한
A huge wave capsized the yacht.
거대한 파도가 요트를 뒤집었다.

---

persist
[pəːrsíst, -zíst]
persistence 명고집, 지속
persistent 형 고집하는

동 고집하다, 지속하다
In spite of financial problem, he persist in his project.
재정 문제에도 불구하고, 그는 자신의 계획을 고집했다.

---

sew
[sou]

동 꿰매다, 바느질하다
The man is sewing a button.
남자가 단추를 꿰매고 있다.

lung
[lʌŋ]

囘 폐, 허파
The lungs function to supply the body with oxygen.
폐는 몸에 산소를 공급하는 기능을 한다.

---

row
[rou]

囘 줄, 열　圄 (노로 배를) 젓다
The chairman is seated in the first row.
의장은 첫 번째 열에 앉아 있다.

---

inject
[indʒékt]

圄 주입하다, 주사하다
The nurse injected some drug into his vein.
간호사는 어떤 약품을 그의 정맥에 주사했다.

---

accelerate
[æksélərèit]
acceleration 囘 가속, 촉진

圄 가속하다, 빠르게 하다
He accelerated to overtake me.
그는 나를 추월하기 위해 가속했다.

---

receipt
[risí:t]

囘 영수증
I paid the bill and she gave me a receipt.
나는 계산을 치렀고 그녀는 나에게 영수증을 주었다.

---

capricious
[kəpríʃəs]
caprice 囘 변덕

囩 변덕스러운
He was a cruel and capricious tyrant.
그는 잔인하고 변덕스러운 폭군이었다.

---

dispute
[dispjú:t]

圄 논쟁하다, 논의하다　囘 논쟁, 논의
We disputed whether we would adopt the proposal.
우리는 그 제안의 채택 여부에 대해 논의했다.

---

statue
[stǽtʃu:]

囩 조각상
The Statue of Liberty is in New York.
자유의 여신상은 뉴욕에 있다.

---

argue
[á:rgju:]
argument 囘 논쟁, 주장

圄 논쟁하다, 주장하다
I argued with her about the matter.
나는 그녀와 그 일에 관해서 논쟁했다.

---

revise
[riváiz]
revision 囩 개정, 수정

圄 개정하다, 수정하다
This book has been completely revised.
이 책은 전면 개정되었다.

costume
[kástjuːm / kɔ́s-]

몡 복장, 의상

They were all in national costume.
그들은 모두 민속 의상을 입고 있었다.

reject
[ridʒékt]
rejection 몡 거절, 거부

통 거절하다, 거부하다

The Congress rejected the government's proposal.
국회는 정부의 제안을 거절했다.

deal
[diːl]

몡 거래, 장사, 매매   통 다루다, 거래하다

We closed the deal with them yesterday.
우리는 어제 그들과 거래를 매듭지었다.

identify
[aidéntəfài]
identity 몡 동일함, 신원
identification 몡 신원확인,
신분증명서

통 확인하다, 동일시하다

She identified the man as her attacker.
그녀는 그 남자가 자기를 공격한 사람이라고 확인했다.

retain
[ritéin]

통 보유하다, 간직하다

The ceremony retains an aura of mystery.
그 의식은 신비스러운 분위기를 간직하고 있다.

beast
[biːst]
beastly 몡 짐승 같은

몡 짐승

Man's intellect distinguishes him from beasts.
인간은 지성이 있음으로써 짐승과 구별된다.

evolution
[èvəlúːʃən / ìːvə-]
evolve 통 진화하다

몡 진화, 발전

Evolution occurs as a result of adaptation to new environments.
진화는 새로운 환경에의 적응 결과로 일어난다.

harsh
[haːrʃ]

혱 거친, 가혹한

You will only regret your harsh words to him.
그에게 가혹한 말을 한 것을 너는 결국 후회할 것이다.

mature
[mətjúər, -tʃúər]
maturity 몡 성숙, 원숙

혱 성숙한, 익은   통 성숙하다

She is mature for her age.
그녀는 나이에 비해서 성숙하다.

imply
[implái]
implied 혱 내포된, 암시된

통 내포하다, 의미하다

Silence often implies consent.
침묵은 종종 동의를 의미한다.

stimulate
[stímjəlèit]
stimulation 명 자극
stimulative 형 자극적인

동 자극하다
This food stimulates your appetite.
이 음식은 당신의 식욕을 자극한다.

insert
[insə́:rt]
insertion 명 삽입

동 끼워[집어]넣다, 삽입하다
I inserted the key into the lock.
나는 자물쇠에 열쇠를 끼웠다.

estimate
[éstəmèit]
estimation 명 평가, 존경

동 평가하다, 추산하다 명 견적, 평가
We estimate that the experiment will take two months.
우리는 그 실험이 2달 걸릴 것으로 추산한다.

clone
[kloun]

명 복제 생물 동 복제하다
They have been trying to clone a human for years.
그들은 수년간 인간 복제를 시도해 왔다.

rigid
[rídʒid]

형 단단한, 엄격한, 완고한
When I was studying for exams, I kept to a rigid schedule. 시험공부를 할 때 나는 엄격한 일정을 지켰다.

inquire
[inkwáiər]
inquiry 명 문의, 조사

동 묻다, 조사하다
He inquired where we were to meet.
그는 우리가 어디서 만날 것인 지 물어보았다.

■ degree
1.온도, 각도 2.정도 3.학위

1. Right now we're at 40 degrees.
   현재 온도는 40도입니다.

2. It measures the degree of his love.
   그것을 보면 그의 애정의 정도를 알 수 있다.

3. She has a degree in sociology and politics.
   그녀는 사회학과 정치학 학위를 가지고 있다.

40

There is no smoke without fire.
불 없이는 연기가 없다.

merit [mérit] meritorious 휑 공이 있는, 훌륭한	휑 **장점, 가치, 공적** Everybody has his merits. 모든 사람은 각각 장점을 가지고 있다.
aggressive [əgrésiv] aggressor 침략재[국], 공격자 aggression 휑 공격(성), 침략	휑 **공격적인, 진취적인, 적극적** Some dogs are naturally aggressive. 어떤 개들은 천성적으로 공격적이다.
recall [rikɔ́ːl]	동 **상기하다, 소환하다** 휑 **회상, 소환** She bit her lip as she recalled the words he had thrown at her. 그녀는 그가 던진 말을 상기하며 입술을 깨물었다.
prior [práiər] priority 휑 (시간, 순서가) 앞 [먼저]임	휑 **이전의** It happened prior to my arrival. 그것은 내가 도착하기 전에 일어났다.
assign [əsáin] assignment 휑 할당, 담당, 숙제	동 **할당하다, 임명[지정]하다** He assigned us the best room of the hotel. 그는 우리들에게 그 호텔에서 가장 좋은 방을 할당해 주었다.

exceed
[iksíːd]
excess [명] 초과, 지나침
excessive [형] 지나친

[동] (수량, 정도를) 넘다, 초과하다
We are confident that we will exceed last year's production targets. 우리는 지난해 생산 목표액을 초과할 것으로 확신한다.

insight
[ínsàit]
insightful [형] 통찰력이 있는

[명] 통찰(력)
She has an insight into human character.
그녀는 사람의 성격에 대한 통찰력을 가졌다.

regular
[régjələr]
regularly [부] 규칙적으로

[형] 규칙적인, 정기적인
Regular exercise is important for a person's health.
규칙적인 운동은 사람의 건강에 중요하다.

confirm
[kənfə́ːrm]
confirmation [명] 확인

[동] 확인하다
You should confirm your airline schedule again.
당신은 비행 일정을 다시 확인해야 한다.

overall
[óuvərɔ̀ːl]

[형] 전체의, 종합적인 [부] 전체적으로
The overall situation is good, despite a few minor problems.
사소한 문제점들이 있긴 하지만 전체적인 상황은 괜찮다.

supervise
[súːpərvàiz]
supervisor [명] 지휘자, 감독
supervisory [형] 감독하는

[동] 관리[감독]하다, 지휘[지도]하다
He supervises the building work.
그는 건축 작업을 감독한다.

abolish
[əbáliʃ, əbɔ́l-]
abolishable [형] 폐지할 수 있는

[동] 폐지하다, 철폐하다
Racial discrimination must be abolished immediately.
인종차별은 즉시 폐지되어야 한다.

trim
[trim]
trimly [부] 말쑥하게

[동] 다듬다, 손질하다
Workers are trimming the trees.
인부들이 나무들을 다듬고 있다.

festive
[féstiv]
festival [명] 축제(일), 잔치

[형] 축제의, 즐거운
We could feel a festive atmosphere.
우리는 축제의 분위기를 느낄 수 있었다.

durable
[djúərəbəl]

[형] (의상 · 재료 따위가) 질긴, 오래 견디는, 튼튼한
The fabric is exceptionally durable.
이 천은 아주 질기다.

permanent
[pə́:rmənənt]

(형) 영구적인
He is looking for a permanent job.
그는 영구적인 직업을 찾고 있다.

scatter
[skǽtər]
scattered (형) 뿔뿔이 된, 산발한

(동) 뿌리다, 흩어지다
They scattered some sand on that icy road.
그들은 그 빙판길 위에 모래를 약간 뿌렸다.

arrogant
[ǽrəgənt]
arrogance (형) 오만

(형) 거만한, 건방진
He's arrogant and opinionated.
그는 거만하고 완고하다.

insurance
[inʃúərəns]
insure (동) 보험에 들다, 보증하다

(명) 보험, 보증
He should renew his medical insurance.
그는 의료보험을 갱신해야 한다.

export
[ikspɔ́:rt]

(동) 수출하다 (명) 수출(품)
Korea exports many different kinds of goods.
한국은 다양한 종류의 상품을 수출한다.

capacity
[kəpǽsəti]

(명) 수용력, 능력, 용량
She has an enormous capacity for hard work.
그녀는 힘든 일을 해내는 능력이 대단하다.

vehicle
[ví:ikəl, ví:hi-]

(명) 차량, 운송 수단, 매개물
Automobiles, bicycles, and planes are vehicles.
자동차, 자전거, 비행기는 운송 수단들이다.

depart
[dipá:rt]
departure (명) 출발

(동) 출발하다
The train departs at regular intervals.
기차는 일정한 간격을 두고 출발한다.

extract
[ikstrǽkt]

(동) 뽑다, 추출[발췌]하다 (명) 추출물, 발췌
I extracted several examples from the book.
나는 그 책에서 몇 개의 예제를 뽑았다.

integrity
[intégrəti]
integral (형) 없어서는 안 될,
완전한

(명) 성실, 청렴, 완전
He is a person of integrity and is respected by everyone.
그는 성실한 사람이라 모든 사람들에게서 존경받고 있다.

compatible
[kəmpǽtəbəl]

형 양립하는, 조화되는

His interests are not compatible with mine.
그의 이해는 나의 이해와 양립하지 않는다.

aircraft
[ɛ́ərkrӕft, -krὰːft]

명 항공기, 비행기

The aircraft took off into the evening sky with a deafening roar. 그 비행기는 엄청난 소리를 내며 밤하늘로 이륙했다.

distract
[distrǽkt]
distracted 형 마음이 산란한
distraction 명 주의산만

동 혼란시키다, 어지럽히다

Don't distract me when I'm trying to work.
내가 공부하려고 할 때 나를 혼란시키지 마라.

emotion
[imóuʃən]
emotional 형 감정적인, 감정의

명 감동, 감정

We felt deep emotion at the moment.
우리는 그 순간 깊은 감동을 느꼈다.

signal
[sígnl]

명 신호   동 신호를 보내다

He made a signal for us to leave.
그는 우리에게 떠나라는 신호를 보냈다.

relative
[rélətiv]
relativity 명 상대성
relatively 부 상대적으로, 비교적

형 상대적인   명 친척

All her distant relatives came to the wedding.
그녀의 먼 친척들이 모두 결혼식에 참석했다.

■ develop

1.발달[발전]하다 2.개발하다 3.현상하다

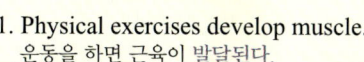

1. Physical exercises develop muscle.
   운동을 하면 근육이 발달된다.

2. The government develops petroleum resources.
   그 정부는 석유 자원을 개발한다.

3. The photographer developed his own pictures.
   사진사는 자기 사진을 현상했다.

A. 아래 단어의 뜻을 쓰시오.

1. cope _____
2. weaken _____
3. huge _____
4. persist _____
5. sew _____
6. lung _____
7. row _____
8. inject _____
9. accelerate _____
10. receipt _____
11. capricious _____
12. dispute _____
13. statue _____
14. argue _____
15. revise _____
16. costume _____
17. reject _____
18. deal _____
19. identify _____
20. retain _____
21. beast _____
22. evolution _____
23. harsh _____
24. mature _____
25. imply _____
26. stimulate _____
27. insert _____
28. estimate _____
29. clone _____
30. rigid _____
31. inquire _____
32. merit _____
33. aggressive _____
34. recall _____
35. prior _____
36. assign _____
37. exceed _____
38. insight _____
39. regular _____
40. confirm _____
41. overall _____
42. supervise _____
43. abolish _____
44. trim _____
45. festive _____
46. durable _____
47. permanent _____
48. scatter _____
49. arrogant _____
50. insurance _____

51. export _____ 52. capacity _____

53. vehicle _____ 54. depart _____

55. extract _____ 56. integrity _____

57. compatible _____ 58. aircraft _____

59. distract _____ 60. emotion _____

61. signal _____ 62. relative _____

B. 빈칸에 알맞은 단어를 넣으시오.

1. In spite of financial problem, he _____ in his project.

   재정 문제에도 불구하고, 그는 자신의 계획을 고집했다.

2. He _____ to overtake me.

   그는 나를 추월하기 위해 가속했다.

3. This book has been completely _____ .

   이 책은 전면 개정되었다.

4. The ceremony _____ an aura of mystery.

   그 의식은 신비스러운 분위기를 간직하고 있다.

5. This food _____ your appetite.

   이 음식은 당신의 식욕을 자극한다.

6. When I was studying for exams, I kept to a _____ schedule.

   시험공부를 할 때 나는 엄격한 일정을 지켰다.

7. Some dogs are naturally _____ .

   어떤 개들은 천성적으로 공격적이다.

8. _____ exercise is important for a person's health.

   규칙적인 운동은 사람의 건강에 중요하다.

9. Workers are _____ the trees.

   인부들이 나무들을 다듬고 있다.

10. He's _____ and opinionated.

    그는 거만하고 완고하다.

11. He is a person of _____ and is respected by everyone.

    그는 성실한 사람이라 모든 사람들에게서 존경받고 있다.

■ A·B : 본문참조

41

Every dog has his day.
쥐구멍에도 볕 들 날이 있다.

eccentric [ikséntrik, ek-] eccentricity 圐 (복장, 행동 따위의) 엉뚱함	圐 **보통과 다른, 괴상한, 괴짜인** There is something eccentric in his composition. 그의 성질에는 좀 괴상한 점이 있다.
global [glóubəl] globe 圐 지구, 구	圐 **세계적인, 지구의** The problem of hunger is of global importance. 기아의 문제는 세계적으로 중요하다.
increase [inkríːs] increasingly 圐 점점	圐 **증가하다** 圐 **증가** The profits have increased steadily since last year. 이익이 작년이후 점차적으로 증가했다.
behave [bihéiv] behavior 圐 행동, 행실	圐 **행동하다** The judge behaved with dignity. 판사는 위엄 있게 행동했다.
divine [diváin] divinity 圐 신성	圐 **신(神)의, 신성한** He trusts in divine providence. 그는 신의 섭리를 믿는다.

horizon
[həráizən]
horizontal 형 수평의

몡 수평선, 지평선
The sun has shown itself above the horizon.
해가 수평선 위에 나타났다.

quantity
[kwántəti / kwɔ́n-]
quantify 통 양을 재다
quantitative 형 양적인

몡 양, 분량
Quality is more important than quantity.
양보다 질이 중요하다.

wave
[weiv]

통 파도[물결]치다, 물결 모양을 이루다, 손을 흔들다 몡 파도, 물결
She sat in the water and let the waves break over her.
그녀는 물속에 앉아 밀려오는 파도를 맞고 있었다.

liberty
[líbərti]
liberal 형 자유주의의

몡 자유
His conduct was a struggle for liberty.
그의 행동은 자유를 향한 투쟁이었다.

admire
[ædmáiər, əd-]
admiration 몡 감탄
admirer 몡 찬미자, 숭배자

통 감탄하다, 찬탄하다
We admired the grandeur of the mountains.
우리는 그 산의 웅장함에 감탄했다.

evaluate
[ivǽljuèit]
evaluation 몡 평가

통 평가하다
It is difficult to evaluate her as a writer.
그녀를 작가로 평가하기는 어렵다.

prey
[prei]

몡 (짐승, 새 따위의) 먹이 통 잡아 먹다
Wolves prowled the forest in search of prey.
늑대들이 먹이를 찾아 숲 속을 배회했다.

grab
[græb]

통 움켜잡다, 붙잡다
He grabbed me by the shoulder.
그는 내 어깨를 움켜잡았다.

belief
[bilíːf, bə-]
believe 통 믿다

몡 믿음, 신념
His acts are bottomed upon solid belief.
그의 행동은 확고한 신념에 입각하고 있다.

entrance
[éntrəns]
enter 통 들어가다, 입학하다
entry 몡 참가, 입장

몡 입구, 입장, 입학
There is a front and a back entrance to the house.
그 집에는 정면과 뒷면에 입구가 있다.

improve
[imprú:v]
improvement 몡 개선, 향상

동 **개선하다, 향상시키다**
The deal will improve our corporate profile.
그 거래는 우리 회사의 기업 이미지를 개선시킬 것이다.

species
[spí:ʃi(:)z]

몡 **종(種), 종류**
Barley is a species of grass.
보리는 풀의 일종이다.

waste
[weist]
wasteful 몡 헛된, 낭비의

몡 **낭비, 쓰레기** 동 **낭비하다**
I can't waste time on such frivolities.
나는 그런 하찮은 일에 시간을 낭비할 수 없다.

incident
[ínsədənt]
incidental 몡 부차적인, 우발의
incidentally 뫈 부수적으로,
우연히

몡 **사건, 일어난 일** 몡 **일어나기 쉬운, 흔히 있는**
The incident was almost simultaneous with his
disappearance. 그 사건은 그의 실종과 거의 동시에 일어났다.

cast
[kæst, kɑ:st]

동 **던지다, 주조하다, 배역을 맡다** 몡 **던지기, 주조, 배역**
They cast a net to catch a wild dog.
그들은 사나운 개를 잡기 위해 그물을 던졌다.

estate
[istéit]

몡 **재산**
He settled part of his estate on his son.
그는 자신의 재산 일부를 아들에게 유산으로 남겼다.

feast
[fi:st]

몡 **축제(일), 잔치**
We had a big feast on Thanksgiving Day.
우리는 추수 감사절에 성대한 축제를 열었다.

conclude
[kənklú:d]
conclusion 몡 결론
conclusive 몡 결정적인

동 **결론짓다**
We concluded that he would not come.
우리는 그가 오지 않을 것이라고 결론지었다.

interval
[íntərvəl]

몡 **간격, 틈**
The train departs at regular intervals.
기차는 일정한 간격을 두고 출발한다.

obtain
[əbtéin]
obtainable 몡 얻을 수 있는

동 **얻다, 획득하다**
The book obtained a great reputation.
그 책은 큰 평판을 얻었다.

encourage
[enkə́ːridʒ, -kʌ́r-]
encouragement [명] 격려

[동] 격려하다
The professor encouraged me in my studies.
교수는 내 연구를 격려해 주었다.

descend
[disénd]
descent [명] 하강, 혈통

[동] 내려가다[오다]
The plane began its final descent into the airport.
그 비행기는 공항으로의 마지막 하강을 시작했다.

loan
[loun]

[명] 대부, 대출(금) [동] 빌려주다
The interest payments on the loan are high.
대출에 대한 이자지불액이 높다.

remind
[rimáind]
reminder [명] 생각나게 하는 사람[것]

[동] 생각나게 하다
This reminds me of my past happy days.
이런 것을 보면 즐거웠던 옛 시절이 생각난다.

create
[kriéit]
creature [명] 창조물
creative [형] 창조적인

[동] 창조하다
God created men in his own image.
하느님이 그의 형상대로 사람을 창조하셨다.

다의어

■ draw

1.당기다, 끌다 2. 그리다 3.잡아 뽑다 4. 무승부

1. I drew my chair up closer to the fire.
나는 의자를 불쪽으로 더 가까이 바짝 끌어 당겼다.
2. Draw the line from A, through B, to C.
점 A에서 점 B를 지나 점 C까지 선을 그려라.
3. They drew lots.
그들은 제비를 뽑았다.
4. The game ended in a draw.
그 게임은 무승부로 끝났다.

42 A friend in need is a friend indeed.

필요할 때 친구가 참된 친구이다.

neutral
[njúːtrəl]
neutralize [동] 중립화하다
neutrality [명] 중립

[형] 중립의
The conflict was resolved with the help of a neutral mediator. 분쟁은 중립적인 중재자의 도움으로 타개되었다.

refuge
[réfjuːdʒ]
refugee [명] 피난민, 난민

[명] 피난(처)
They took refuge in the US Embassy.
그들은 미국 대사관으로 피난했다.

seize
[siːz]
seizure [명] 붙잡기, 압류

[동] (붙)잡다, 포착하다, 파악하다
She seized me by the wrist.
그녀는 내 손목을 잡았다.

livestock
[láivstɑ̀k / -stɔ̀k]

[명] 가축
On many farms you'll find livestock.
많은 농장에서 가축을 볼 수 있을 것이다.

gene
[dʒiːn]
genetic [형] 유전자의
genetics [명] 유전학

[명] 유전자
Certain genes play a crucial role in human growth and development. 어떤 유전자들은 인간의 성장과 발육에 중요한 역할을 한다.

unite
[juːnáit]
unity 영 통일(체),일치단결

동 결합[연합]하다

Oil will not unite with water.
기름과 물은 결합하지 않는다.

install
[instɔ́ːl]
installation 영 설치, 임명

동 설치하다, 취임시키다

He installs an alarm to minimize the risk of burglary.
그는 강도의 위험을 최소화하기 위해 경보장치를 설치했다.

overcome
[òuvərkʌ́m]

동 극복하다

He overcame every temptation.
그는 모든 유혹들을 극복했다.

resist
[rizíst]
resistance 영 저항
resistant 형 저항하는

동 저항하다, 견디다

The enemy resisted stoutly.
적은 완강히 저항했다.

verbal
[və́ːrbəl]
verbalize 동 말로 나타내다
verb 영 (문법)동사

형 구두의, 말의

I made a verbal contract with him.
나는 그와 구두 계약을 맺었다.

glance
[glæns, glɑːns]

형 흘끗 봄 동 흘끗 보다

She took a glance into the mirror.
그녀는 거울을 흘끗 들여다보았다.

statistics
[stéitistiks]

형 통계

I don't think the statistics are accurate.
나는 그 통계가 정확하다고 생각하지 않는다.

preach
[priːtʃ]
preacher 영 설교자, 전도자

동 설교하다, 전도하다

The minister preached that we should love each other.
목사는 우리가 서로 사랑해야 한다고 설교했다.

rusty
[rʌ́sti]
rust 영 녹

형 녹슨

The rusty garage door squealed loudly as it was opened.
그 녹슨 차고 문은 열릴 때 날카로운 소리가 난다.

amuse
[əmjúːz]
amused 형 즐거워하는
amusement 영 즐거움, 오락

동 즐겁게 하다

She amused the children with tricks.
그녀는 마술을 보여 어린이들을 즐겁게 했다

flood
[flʌd]

[명] 홍수, 범람 [동] 범람하다
My neighborhood has been devastated by the flood.
우리 동네는 홍수로 폐허가 되었다.

chat
[tʃæt]

[동] 잡담하다, 이야기하다 [명] 잡담
A couple are having a chat on the street corner.
남녀 한 쌍이 길가 모퉁이에서 잡담하고 있다.

assent
[əsént]

[동] 동의하다, 찬성하다 [명] 동의, 찬성
We assented to his proposal.
우리는 그의 제안에 동의했다.

ordinary
[ɔ́ːrdənèri / ɔ́ːdənri]

[형] 보통의, 평범한
The ordinary can give us the greatest happiness.
평범한 것이 가장 행복한 것이다.

intend
[inténd]
intention [명] 의도

[동] ~할 작정이다, 의도하다
We intend that it shall be done today.
우리는 오늘 그것을 할 작정이다

gradual
[grǽdʒuəl]
gradually [부] 점차적으로, 서서히

[형] 단계적인, 점차적인
The economy is showing signs of gradual recovery.
경제가 점차적인 회복 조짐을 보이고 있다.

principle
[prínsəpl]

[명] 원리, 원칙, 주의
These devices both work on the same principle.
이 장치들은 둘 다 동일한 원리에 따라 작동된다.

supply
[səplái]

[동] 공급하다 [명] 공급
They supply water on alternate days.
그들은 격일제로 수도를 공급한다.

furious
[fjúəriəs]
fury [명] 격노, 분노
furiously [부] 격노하여

[형] 격노[격렬]한
I was furious and told him to get out of my house.
나는 격노하여 그에게 내 집에서 나가라고 말했다.

insist
[insíst]
insistence [명] 주장
insistent [형] 주장하는, 끈질긴

[동] 주장하다, 고집하다
He insisted that the accused was innocent.
그는 그 피고가 무죄라고 주장했다.

aspire
[əspáiər]
aspiration [명] 열망, 포부

[동] 열망하다
He aspired to be captain of the team.
그는 그 팀의 주장이 되기를 열망했다.

gap
[gæp]

[명] 격차, 틈
There is a wide gap between the viewpoints of us.
우리의 견해에는 큰 격차가 있다.

obstinate
[ábstənit / ɔ́b-]
obstinacy [명] 완고, 고집

[형] 완고한
The obstinate old man refused to go to hospital.
그 완고한 노인은 병원에 가기를 거부했다.

shame
[ʃeim]
shameful [형] 수치스러운

[명] 수치, 창피
He was shamed before the whole school.
그는 전체 학생 앞에서 창피를 당했다.

gaze
[geiz]

[동] 응시하다, 지켜보다
She gazed on me with a sudden fear and mistrust.
그녀는 급작스런 두려움과 의심의 눈초리로 나를 응시했다.

다의어

■ engage

1. 약속하다 2.약혼시키다 3.종사하다 4.고용하다

1. He engaged himself to do it.
   그는 그것을 하겠다고 약속했다.
2. He engaged himself to my cousin.
   그는 나의 사촌과 약혼했다.
3. He is engaged in business.
   그는 사업에 종사한다.
4. We engaged him to drive us around the city.
   우리에게 시내를 안내해 줄 운전사로 그를 고용했다.

A. 아래 단어의 뜻을 쓰시오.

1. eccentric	_____	2. global	_____
3. increase	_____	4. behave	_____
5. divine	_____	6. horizon	_____
7. quantity	_____	8. wave	_____
9. liberty	_____	10. admire	_____
11. evaluate	_____	12. prey	_____
13. grab	_____	14. belief	_____
15. entrance	_____	16. improve	_____
17. species	_____	18. waste	_____
19. incident	_____	20. cast	_____
21. estate	_____	22. feast	_____
23. conclude	_____	24. interval	_____
25. obtain	_____	26. encourage	_____
27. descend	_____	28. loan	_____
29. remind	_____	30. create	_____
31. neutral	_____	32. refuge	_____
33. seize	_____	34. livestock	_____
35. gene	_____	36. unite	_____
37. install	_____	38. overcome	_____
39. resist	_____	40. verbal	_____
41. glance	_____	42. statistics	_____
43. preach	_____	44. rusty	_____
45. amuse	_____	46. flood	_____
47. chat	_____	48. assent	_____
49. ordinary	_____	50. intend	_____

51. gradual   _____   52. principle   _____

53. supply   _____   54. furious   _____

55. insist   _____   56. aspire   _____

57. gap   _____   58. obstinate   _____

59. shame   _____   60. gaze   _____

B. 빈칸에 알맞은 단어를 넣으시오.

1. The problem of hunger is of _____ importance.
   기아의 문제는 세계적으로 중요하다.

2. The sun has shown itself above the _____ .
   해가 수평선 위에 나타났다.

3. There is a front and a back _____ to the house.
   그 집에는 정면과 뒷면에 입구가 있다.

4. The _____ was almost simultaneous with his disappearance.
   그 사건은 그의 실종과 거의 동시에 일어났다.

5. The train departs at regular _____ .
   기차는 일정한 간격을 두고 출발한다.

6. This _____ me of my past happy days.
   이런 것을 보면 즐거웠던 옛 시절이 생각난다.

7. She _____ me by the wrist.
   그녀는 내 손목을 잡았다.

8. The enemy _____ stoutly.
   적은 완강히 저항했다.

9. My neighborhood has been devastated by the _____ .
   우리 동네는 홍수로 폐허가 되었다.

10. They _____ water on alternate days.
    그들은 격일제로 수도를 공급한다.

11. He _____ to be captain of the team.
    그는 그 팀의 주장이 되기를 열망했다.

■ A·B : 본문참조

43

Spare the rod and spoil the child.
매를 아끼면 아이를 망친다.

excitement
[iksáitmənt]
excite 동 흥분시키다
excited 형 흥분된
exciting 형 흥분시키는

명 흥분
They were jumping about in excitement at the discovery.
그들은 그 발견에 흥분해 날뛰었다.

---

acquaint
[əkwéint]
acquaintance 명 아는 사람

동 알려 주다
Please acquaint me with the facts of the case.
그 사건의 사실들을 내게 알려주세요.

---

interfere
[ìntərfíər]
interference 명 방해, 간섭
interfering 형 간섭하기 좋아하는

동 방해하다, 간섭하다
He interfered in my private business.
그는 나의 사적인 일에 간섭했다.

---

masterpiece
[mǽstərpìːs, mɑ́ːs-]

명 걸작, 명작
The museum has put the masterpiece on exhibition.
박물관에서는 그 명작을 전시했다.

---

afflict
[əflíkt]
affliction 명 고통, 괴로움

동 괴롭히다, 고통을 주다
The pangs of conscience afflicted him.
양심의 가책이 그를 괴롭혔다.

ingenious
[indʒíːnjəs]
ingenuity [명] 정교함, 재간
genius [명] 천재, 영재

[형] 재능이 있는, 독창적인, 정교한
She's very ingenious when it comes to finding excuses.
그녀는 변명을 찾는 것에는 매우 재능이 있다.

available
[əvéiləbəl]

[형] 이용할 수 있는, 얻을 수 있는
This dictionary is available in electronic form.
이 사전은 전자 형태로 이용할 수 있다.

execute
[éksikjùːt]
executive [형] 실행하는, 관리직의
execution [명] 실행, 집행

[동] 실행하다, 처형하다
He made the plan and executed it promptly.
그는 계획을 짜고 즉시 실행 했다.

suspend
[səspénd]
suspense [명] 긴장감, 불안
suspension [명] 매달기, 중지

[동] 중지하다, 매달다, 보류하다
The work is suspended for the present.
그 일은 당분간 중지된다

thirst
[θəːrst]

[명] 갈증
The traveler in the desert suffered from thirst.
그 사막 여행자는 갈증에 시달렸다.

delight
[diláit]
delightful [형] 매우 기쁜
delighted [형] 기뻐하는

[명] 기쁨 [동] 기쁘게 하다
Her visit was a great delight to the patients.
그녀의 방문은 환자들에게 큰 기쁨이었다.

patent
[pǽtənt, péit-]

[명] 특허(권) [형] (전매) 특허의, 명백한
He took out a patent on his invention.
그는 자신의 발명품에 대해 특허를 얻었다.

manage
[mǽnidʒ]
management [명] 관리, 경영
manager [명] 관리자, 감독

[동] 관리하다, 해나가다, (잘) 다루다
I guess I can manage alone.
나는 혼자서 해 나갈 수 있을 것이라고 생각한다.

area
[έəriə]

[명] 지역, 구역
The area is notable for its pleasant climate.
그 지역은 상쾌한 날씨로 주목할 만하다.

justify
[dʒʌ́stəfài]
justice [명] 정의, 공정
justification [명] 정당화

[동] 정당화하다
The end doesn't always justify the means.
목적이 항상 수단을 정당화하지는 않는다.

fertile
[fə́ːrtl / -tail]
fertilize [동] 기름지게하다
fertility [명] 비옥, 다산

[형] 비옥한, 다산(多産)의
Rice grows well on fertile land.
벼는 비옥한 땅에서 잘 자란다.

mutual
[mjúːtʃuəl]
mutually [부] 서로, 상호간에

[형] 서로의, 상호간의
They settled the dispute by mutual concession.
그들은 서로 양보하여 분쟁을 해결했다.

satisfy
[sǽtisfài]
satisfied [형] 만족스러운
satisfaction [명] 만족

[동] 만족시키다
The result did not satisfy me.
그 결과는 나를 만족시키지 못했다.

tragedy
[trǽdʒədi]

[명] 비극
The whole affair ended in tragedy.
그 모든 사건은 비극으로 끝났다.

monetary
[mɑ́nətəri, mʌ́nitəri]

[형] 화폐의, 재정적인, 금융의
My family is in monetary difficulties.
우리 가족은 재정적인 어려움에 빠졌다.

individual
[ìndəvídʒuəl]
individuality [명] 개성
individualism [명] 개인주의

[명] 개인 [형] 개인의
Soccer requires teamwork more than individual skill.
축구는 개인기보다 협력을 더 필요로 한다.

precede
[priːsíːd]
precedence [명] 선행
precedent [명] 선례 [형]앞서는

[동] 앞서다, 선행하다
The flash of lightning preceded the sound of thunder.
번개 불빛이 천둥소리를 앞섰다.

distort
[distɔ́ːrt]
distortion [명] 변형, 왜곡

[동] 왜곡하다, 변형시키다
My original statement has been completely distorted by the media. 나의 본래 주장은 언론에 의해 완전히 왜곡되었다.

upset
[ʌpsét]

[동] 뒤엎다, 당황[혼란스럽게]하다 [명] 전복 [형] 뒤집힌, 혼란스런
He was upset by her uncivil remarks.
그는 그녀의 무례한 비평에 당황해했다.

conversation
[kɑ̀nvərséiʃən / kɔ̀n-]
converse [동] 담화하다

[명] 대화
I happened to overhear of their conversation.
나는 그들의 대화를 우연히 엿들었다.

spoil [spɔil]	동 **망치다** The heavy rain spoiled the crops. 큰 비가 농작물을 망쳐 버렸다.
nervous [nə́ːrvəs] nerve 명 신경	형 **신경과민의, 초조한** The boxer is nervous before the fight. 그 권투선수는 경기를 앞두고 초조해 하고 있다.
apparent [əpǽrənt, əpέər-] apparently 부 명백히, 외관상으로	형 **명백한, 겉치레의** The solution to the problem was apparent to all. 문제 해결 방법은 누가 봐도 명백했다.
duty [djúːti]	형 **의무, 책임** I felt it was my duty to tell them the truth. 그들에게 진실을 얘기해 주는 것이 내 의무라고 느꼈다.
employ [emplɔ́i] employer 형 고용주 employment 형 고용, 직업	동 **고용하다** Our company only employs professionals. 우리 회사는 전문 인력만 고용한다.

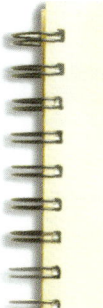

■ fair

1.공정한 2.상당한 3.(피부가) 흰, 금발의 4.전시[박람]회

1. His judgment is fair.
   그의 판결은 공정하다.

2. We already pay a fair whack in taxation.
   우리는 상당한 세금을 냈다. .

3. All her children are fair.
   그녀의 아이들은 모두 금발이다.

3. Are you going to the book fair this weekend?
   이번 주말에 도서 전시회에 갈 거예요?

Time flies like an arrow.
시간은 화살처럼 간다.

44

---

particle
[pá:rtikl]

형 극히 작은 조각, 입자
Scientists have discovered many new atomic particles.
과학자들은 새로운 원자 입자를 많이 발견했다.

---

respond
[rispánd / -spɔ́nd]
response 명 응답, 반응
responsive 형 반응을 보이는

동 응답하다, 반응하다
I asked where he had been, but he didn't respond.
내가 그에게 어디 있었냐고 물었지만 그는 응답하지 않았다.

---

stuff
[stʌf]

명 재료, 물건 동 채우다
I have some time to help you fold away your stuffs.
나는 네 물건을 정리하는 것을 도와줄 시간이 좀 있다.

---

ambitious
[æmbíʃəs]
ambition 명 대망, 큰 뜻

형 대망을 품은, 야심 있는
He's ambitious and eager to get on.
그는 야심이 있고 출세를 열망한다.

---

violate
[váiəléit]
violation 명 위반

동 (법 규칙 등을)위반하다
He violated the traffic regulations.
그는 교통 규칙을 위반했다.

affair
[əféər]

⟨명⟩ 일, 사건
I have stacks of affairs to settle today.
나는 오늘 처리해야 할 일이 산더미 같이 많다.

---

paralyze
[pǽrəlàiz]
paralysis ⟨명⟩ 마비
paralyzed ⟨형⟩ 마비된, 무력한

⟨동⟩ 마비시키다, 무력하게 하다
The effect of the drug is to paralyze the nerves.
그 약의 효과는 신경을 마비시키는 것이다.

---

restrict
[ristríkt]
restriction ⟨명⟩ 제한, 한정
restricted ⟨형⟩ 제한된

⟨동⟩ 제한하다
Our membership is restricted to twenty.
우리 회원은 20명으로 제한되어 있다.

---

shortcoming
[ʃɔ́:rtkʌ̀miŋ]

⟨명⟩ 결점
He is someone who never admits his shortcomings.
그는 자신의 결점을 결코 인정하지 않는 사람이다.

---

radical
[rǽdikəl]
radically ⟨부⟩ 급진적으로, 과격하게

⟨형⟩ 근본적인, 급진적인, 과격한
This firm needs radical changes across the board.
이 회사는 전면적으로 근본적인 변화가 필요하다.

---

suppress
[səprés]
suppression ⟨명⟩ 억압
suppressive ⟨형⟩ 진압[억압]하는

⟨동⟩ 억제[억압]하다
I could scarcely suppress a laugh.
나는 거의 웃음을 억제할 수가 없었다.

---

exhibit
[igzíbit]
exhibition ⟨명⟩ 전시회

⟨동⟩ 전시하다
Next week he will exhibit his paintings in Paris.
다음 주에 그는 그의 그림을 파리에서 전시할 것이다.

---

harvest
[há:rvist]

⟨명⟩ 수확(기)   ⟨동⟩ 수확하다
We have had a very good harvest this year.
우리는 금년에 매우 좋은 수확을 하였다.

---

juvenile
[dʒú:vənəl, -nàil]

⟨형⟩ 청소년의, 소년[소녀]의
There has been a big decrease in juvenile crime.
청소년 범죄가 크게 줄었다.

---

concise
[kənsáis]

⟨형⟩ 간결한
His observations were concise and to the point.
그의 관찰은 간결하고 적절했다.

desert
[dezə:rt, dizə́:rt]
desertion 몡 버림, 도망

동 버리다, 도망하다   몡 사막
He will not desert his family.
그는 자기 가족을 버리지 않을 것이다.

violent
[váiələnt]
violence 몡 폭력, 격렬함

몡 폭력적인, 격렬한
The growth of violent crime is a very real problem.
폭력적인 범죄의 증가는 매우 현실적인 문제이다.

accept
[æksépt]
acceptable 몡 받아들일 수 있는

동 받아들이다, 수락하다
She accept my mistakes with a smile.
그녀는 미소로 내 실수를 받아들였다.

official
[əfíʃəl]
officer 몡 공무원, 관리
officially 🄫 공식적으로

몡 공무상의, 공식적인   몡 공무원, 관리
The official response was swift.
공식적인 조치는 신속했다.

exhaust
[igzɔ́:st]
exhausted 몡 소모된

동 다써버리다, 지치게 하다
The long march has quite exhausted the troops.
긴 행군은 군대를 아주 지치게 했다.

confine
[kənfáin]
confined 몡 한정된
confinement 몡 제한, 감금

동 제한하다, 감금하다
He confined my talk to ten minutes.
그는 내 이야기를 10분으로 제한했다.

antique
[æntí:k]

몡 골동품   몡 고대의
It appears that the furniture is a valuable antique.
그 가구는 귀중한 골동품 같아 보인다.

drastic
[drǽstik]
drastically 🄫 과감하게

몡 과감한, 철저한, 맹렬한
I think drastic measures should be taken on him.
나는 그에게 과감한 조치가 취해져야만 한다고 생각한다.

overlook
[òuvərlúk]

동 내려다보다, 바라보다, 눈감아 주다
Our hotel room overlooks the harbor.
우리 호텔 방에서 항구가 내려다보인다.

fame
[feim]
famed 몡 이름 있는, 유명한

몡 명성, 평판
Few people who aspire to fame ever achieve it.
명성을 열망하는 사람들 중 그것을 성취하는 사람은 극소수이다.

abrupt
[əbrΛpt]
abruptly 彤 갑자기, 퉁명스럽게

彤 **갑작스런, 퉁명스러운**
I was embarrassed at his abrupt question.
나는 그의 갑작스런 질문을 받고 당황했다.

routine
[ruːtíːn]

명 **일상적인 일** 형 **판에 박힌, 일상의**
I am sickening of my daily routine.
나는 날마다 되풀이되는 일상 일에 신물이 난다.

stare
[stɛər]

통 **빤히 보다, 응시하다** 명 **응시**
She stared at me in astonishment.
그녀는 놀라워하면서 나를 응시했다.

comment
[kάmənt / kɔ́m-]

통 **논평하다, 해설하다** 명 **논평, 해설**
I suppose his criticism was fair comment.
내 생각에 그의 비판은 정당한 논평이었다.

absence
[ǽbsəns]
absent 형 결석한, 부재의

명 **부재, 결석, 불참**
In the absence of the manager I shall be in charge.
매니저가 부재중일 때에는 내가 담당할 것이다.

다의어

■ feature
1.특징 2. (pl.) 용모, 생김새 3. 특집기사

1. Feathers are a feature specific to birds.
   깃털은 새들에게만 있는 특징이다.

2. She was attracted by his exotic features.
   그녀는 그의 이국적인 용모에 끌렸다.

3. There's a very informative feature in today's paper.
   오늘 신문에 매우 유익한 특집기사가 났다.

A. 아래 단어의 뜻을 쓰시오.

1. excitement _____
2. acquaint _____
3. interfere _____
4. masterpiece _____
5. afflict _____
6. ingenious _____
7. available _____
8. execute _____
9. suspend _____
10. thirst _____
11. delight _____
12. patent _____
13. manage _____
14. area _____
15. justify _____
16. fertile _____
17. mutual _____
18. satisfy _____
19. tragedy _____
20. monetary _____
21. individual _____
22. precede _____
23. distort _____
24. upset _____
25. conversation _____
26. spoil _____
27. nervous _____
28. apparent _____
29. duty _____
30. employ _____
31. particle _____
32. respond _____
33. stuff _____
34. ambitious _____
35. violate _____
36. affair _____
37. paralyze _____
38. restrict _____
39. shortcoming _____
40. radical _____
41. suppress _____
42. exhibit _____
43. harvest _____
44. juvenile _____
45. concise _____
46. desert _____
47. violent _____
48. accept _____
49. official _____
50. exhaust _____

51. confine   _____   52. antique   _____

53. drastic   _____   54. overlook   _____

55. fame   _____   56. abrupt   _____

57. routine   _____   58. stare   _____

59. comment   _____   60. absence   _____

B. 빈칸에 알맞은 단어를 넣으시오.

1. Please _____ me with the facts of the case.
   그 사건의 사실들을 내게 알려주세요.

2. She's very _____ when it comes to finding excuses.
   그녀는 변명을 찾는 것에는 매우 재능이 있다.

3. Her visit was a great _____ to the patients.
   그녀의 방문은 환자들에게 큰 기쁨이었다.

4. They settled the dispute by _____ concession.
   그들은 서로 양보하여 분쟁을 해결했다.

5. The flash of lightning _____ the sound of thunder.
   번개 불빛이 천둥소리를 앞섰다.

6. The solution to the problem was _____ to all.
   문제 해결 방법은 누가 봐도 명백했다.

7. I asked where he had been, but he didn't _____ .
   내가 그에게 어디 있었냐고 물었지만 그는 응답하지 않았다.

8. Our membership is _____ to twenty.
   우리 회원은 20명으로 제한되어 있다.

9. His observations were _____ and to the point.
   그의 관찰은 간결하고 적절했다.

10. Our hotel room _____ the harbor.
    우리 호텔 방에서 항구가 내려다보인다.

11. She _____ at me in astonishment.
    그녀는 놀라워하면서 나를 응시했다.

■ A·B : 본문참조

45 Add fuel to the fire.

불난 집에 부채질한다.

exertion
[igzə́ːrʃən]
exert [동] 노력하다

[명] 노력
He made great exertions to pass the test.
그는 그 시험에 합격하기 위해 대단히 노력했다.

anticipate
[æntísəpèit]
anticipation [명] 예상

[동] 예상하다, 기대하다
We anticipate that demand is likely to increase.
우리는 수요가 증가할 것으로 예상한다.

radiate
[réidièit]
radiation [명] 방열
radiator [명] 난방기

[동] (빛, 열 등이) 발하다, 발산하다
Her face radiates happiness.
그녀의 얼굴은 행복을 발산한다.

undertake
[ʌ̀ndərtéik]

[동] 떠맡다, 착수하다
He undertook a responsible post.
그는 책임 있는 지위를 떠맡았다.

contradict
[kɑ̀ntrədíkt / kɔ̀n-]
contradiction [명] 모순, 반박
contradictory [형] 모순되는

[동] 반박하다, 모순되다
The two statements contradict each other.
그 두 진술은 서로 모순된다.

nuclear
[njú:kliər]
nucleus 명 핵

⟨형⟩ 핵의, 원자력의
The whole city lay in ruins because of the nuclear weapon.
도시 전체가 핵무기로 인해 폐허가 되었다.

deny
[dinái]
denial 명 부인, 부정

⟨동⟩ 부인하다, 거부하다
The accused man denies that he has ever met her.
그 피고인은 그녀를 만난 적이 없었다고 부인한다.

ascend
[əsénd]
ascent 명 상승, 향상, 승진

⟨동⟩ 올라가다, 오르다
The boy of humble condition ascended to the throne.
미천한 신분의 소년이 왕위에 올랐다.

fatal
[féitl]
fate 명 운명

⟨형⟩ 치명적인, 운명의
There was a fatal flaw in the plan.
그 계획에는 치명적인 결함이 있었다.

margin
[má:rdʒin]

⟨명⟩ 판매 수익, 가장자리, 여백
We have increased our margin for 10 percent to 20 percent.
우리는 판매 수익을 10%에서 20%로 증진시켰다.

reconcile
[rékənsàil]
reconciliation 명 화해, 조정

⟨동⟩ 화해시키다, 조정하다
We have been reconciled with each other.
우리는 서로 화해했다.

preserve
[prizə́:rv]
preservation 명 보존, 보호

⟨동⟩ 보존하다, 보호하다
We should preserve our national heritage.
우리는 국가적 유산을 보존해야 한다.

fellow
[félou]

⟨명⟩ 친구, 동료
He kept himself aloof from his fellow students.
그는 동료 학생들과 어울리지 않았다.

obstacle
[ábstəkəl / ɔ́b-]

⟨명⟩ 장애(물), 방해(물)
Illiteracy is an obstacle to success.
문맹은 성공의 장애물이다.

queer
[kwiər]

⟨형⟩ 이상한, 기묘한
It's queer that he hasn't arrived yet.
그가 아직 도착하지 않은 것은 이상하다.

wander
[wɑ́ndər / wɔ́n-]
wandering 혱 헤매는, 방랑하는
wanderer 몡 방랑자

통 헤매다, 방황[방랑]하다
He wandered from place to place.
그는 이곳저곳을 헤맸다.

architecture
[ɑ́ːrkətèktʃər]
architectural 혱 건축의
architect 몡 건축가

몡 건축, 건축양식
Greek architecture made much use of columns and beams.
그리스 건축에는 기둥과 들보가 많이 사용되었다.

discourage
[diskə́ːridʒ, -kʌ́r-]
discouragement 몡 좌절, 만류
discouraged 혱 좌절한

통 낙담시키다, 용기를 잃게 하다
The news discouraged me.
나는 그 소식을 듣고 낙담했다.

session
[séʃən]
sessional 혱 회기[개정]의

몡 (의회, 회의 등이) 개정 중, 회기
The court is now in session.
법정은 지금 개정중이다.

universe
[júːnəvə̀ːrs]
universal 혱 우주의, 전 세계의
universally 붱 널리, 일반적으로

몡 우주, 전 세계
Our world is a small part of the universe.
우리 세계는 우주의 작은 일부분이다.

achieve
[ətʃíːv]
achievement 몡 업적, 성취

통 이루다, 성취하다
I hope you achieve all the things you desire.
나는 당신이 원하는 모든 일을 성취하기 바란다.

widespread
[wáidspréd]

혱 널리 퍼진, 광범위한
There was widespread discontent at the plan.
그 계획에 대한 불만이 널리 퍼져 있었다.

allot
[əlάt, əlɔ́t]
allotment 몡 할당, 분배

통 할당[배당]하다
The Foundation allotted millions of dollars for cancer research. 그 재단은 암 연구에 수백만 달러를 할당했다.

sole
[soul]

혱 유일한, 오직 하나의
He was the sole survivor of the plane crash.
그는 비행기 추락 사고의 유일한 생존자였다.

union
[júːnjən]

몡 결합, 조합, 일치
A number of local groups want to affiliate with the union.
많은 지역 단체가 그 조합에 가입하고 싶어 한다.

bare
[bɛər]
barely ⓑ 간신히, 겨우

ⓗ 벌거벗은
The kids are swimming in their bare skin.
아이들은 벌거벗은 채 수영하고 있다.

doctrine
[dáktrin / dɔ́k-]

ⓗ 학설, 교리
He explained the basis for the doctrine of the Trinity.
그는 삼위일체 학설의 기본을 설명했다.

perceive
[pərsíːv]
perception ⓗ 인식, 지각
perceptible ⓗ 인식할 수 있는

ⓥ 인식하다, 이해하다
We perceived that the situation was critical.
우리는 상황이 심각하다는 것을 인식했다.

research
[risə́ːrtʃ, ríːsəːrtʃ]
researcher ⓗ 연구자

ⓥ 조사하다, 연구하다 ⓗ연구, 조사
He has dedicated his life to scientific research.
그는 자신의 일생을 과학 연구에 바쳤다.

incentive
[inséntiv]

ⓗ 장려금, 자극, 동기 ⓗ 장려하는
I gave him an incentive to do the work.
나는 그를 자극하여 일을 하게 하였다.

exaggerate
[igzǽdʒərèit]
exaggeration ⓗ 과장

ⓥ 과장하다
He always exaggerates his stories.
그는 자신의 이야기를 항상 과장한다.

■ figure

1.숫자, 계산 2.모양, 모습 3. 인물

1. He is poor at figures.
   그는 숫자에 약하다.

2. She has a beautifully slim figure.
   그녀는 아름답게 날씬한 모습을 하고 있다.

3. The central figure in the painting is the artist's daughter.
   그 그림 중앙에 있는 인물은 화가의 딸이다.

46

A rat in a trap.
독안에 쥐.

wipe
[waip]

동 닦다, 훔치다
I wiped my mouth with my napkin.
나는 냅킨으로 입을 닦았다.

furnish
[fə́ːrniʃ]

동 공급하다, (가구를)비치하다
Trees furnish oxygen to people.
나무들은 사람들에게 산소를 공급한다.

vow
[vau]

명 맹세, 서약
He took a vow to abstain from alcohol.
그는 술을 끊기로 서약했다.

discipline
[dísəplin]

명 훈련, 규율 동 훈련하다, 징계하다
Yoga is a good discipline for learning to relax.
요가는 긴장을 푸는 법을 배우기에 좋은 훈련이다.

affection
[əfékʃən]
affectionate 형 애정 어린

명 애정, 사랑
He is not used to shows of affection.
그는 애정의 표시에 익숙하지 않다.

compare
[kəmpέər]
comparable [형] 비교할 수 있는
comparison [명] 비교

[동] 비교[비유]하다
The teacher compared the heart to a pump.
선생님은 심장을 펌프에 비유했다.

marine
[məríːn]

[명] 해병 [형] 바다의, 해양의
The shrimp is a very small marine animal.
새우는 아주 작은 바다 동물이다.

hardship
[hάːrdʃip]

[명] 고난, 곤경
He was strong to suffer the hardships.
그는 그 고난을 견뎌낼 만큼 강했다.

civilization
[sìvəlizéiʃən]
civilize [동] 문명화하다
civilized [형] 문명화된, 교양 있는

[명] 문명
He studies ancient civilization.
그는 고대 문명을 연구한다.

quote
[kwout]

[동] 인용하다 [명] 인용문
I know many quotes from the book by heart.
나는 그 책으로부터 많은 인용문을 외워서 알고 있다.

transportation
[træ̀nspərtéiʃən]
transport [동] 수송하다

[명] 운송(수단), 수송, 교통
They are debating the transportation plan.
그들은 운송 계획을 논의하고 있다.

breeze
[briːz]
breezy [형] 산들바람이 부는

[명] 산들바람, 미풍
There's a cool breeze this morning.
오늘 아침에는 시원한 산들바람이 분다.

chase
[tʃeis]

[동] 쫓다, 추적하다 [명] 추적
The police chased after the murderer.
경찰은 살인범을 추적했다.

reverse
[rivə́ːrs]

[동] 반대로 하다, 뒤집다 [형] 반대의, 뒤의 [명] 역[반대], 뒤
It is the reverse of kindness.
그건 친절이라기보다는 그 반대이다.

notorious
[noutɔ́ːriəs]
notoriety [명] 악명

[형] 악명 높은
The man is notorious for his misdeeds.
그 사람은 자신의 악행 때문에 악명이 높다.

patient
[péiʃənt]
patience [명] 인내(심)

[명] 환자 [형] 인내심 있는
The doctor checked up on his patient's records.
의사는 환자의 진료기록을 검토했다.

sober
[sóubər]
sobriety [명] 절제, 침착

[형] 술에 취하지 않은, 냉정한, 진지한
We have never seen him sober.
우리는 그가 술에 취하지 않은 모습을 본적이 없었다.

income
[ínkʌm]

[명] 수입
Her expenditure is not over her income.
그녀의 지출은 수입을 넘지 않는다.

certificate
[sərtífəkit]

[명] 증명서
The certificate had clearly been falsified.
그 증명서는 분명히 위조된 것이었다.

pregnant
[prégnənt]
pregnancy [명] 임신

[형] 임신한
At that time she was pregnant with her first child.
그 때 그녀는 첫 아이를 임신하고 있었다.

adolescence
[æ̀dəlésəns]

[명] 사춘기, 청년기
Adolescence is the most important days in life.
사춘기는 인생에 가장 중요한 시기이다.

dump
[dʌmp]

[동] (쓰레기를) 내버리다 [명] (쓰레기 따위의) 더미
She always dumps all her rubbish in front of our house.
그녀는 항상 그녀의 쓰레기를 모두 우리 집 앞에다 내버린다.

fasten
[fǽsn, fɑ́:sn]

[동] 고정시키다, 묶다
He fastened his eyes upon her face.
그는 시선을 그녀의 얼굴에 고정시켰다.

debt
[det]

[명] 빚, 부채
If I pay all my debts I'll have no money left.
나는 내 빚을 다 갚고 나면 남는 돈이 하나도 없을 것이다.

practical
[prǽktikəl]
practice [명] 연습, 실행
[동] 연습[실행]하다
practically [부] 실제로

[형] 실제적인, 실용적인
We must consider practical problems first.
우리는 실제적인 문제를 먼저 고려해야 한다.

bold
[bould]
boldness 명 대담, 무모
boldly 분 대담하게, 뻔뻔스럽게

형 **대담한**, 뻔뻔스러운
He was a bold and adventurous explorer.
그는 대담하고 모험적인 탐험가였다.

struggle
[strʌ́gəl]

동 **투쟁하다**, 애쓰다 명 **투쟁**, 노력
His conduct was a struggle for liberty.
그의 행동은 자유를 향한 투쟁이었다.

colony
[kάləni / kɔ́l-]
colonial 형 식민지의

형 **식민지**
This country was a Spain colony.
이 나라는 스페인의 식민지였다.

brilliant
[bríljənt]
brilliance 명 광택, 훌륭함

형 **빛나는**, 훌륭한
He stands out among men for his brilliant ability.
그는 빛나는 재능으로 사람들 사이에서 두각을 나타낸다.

corporation
[kɔ̀ːrpəréiʃən]
corporate 형 법인의

형 **회사**, 법인
The corporation would go bankrupt sooner or later.
그 회사는 조만간에 파산할 것이다.

intact
[intǽkt]

형 **손상되지 않은**, 본래대로의
Only the medieval tower had remained intact.
오직 중세에 세워진 그 탑만이 손상되지 않고 남아 있었다.

■ fine
1.좋은, 훌륭한 2.섬세한 3.벌금(을 부과하다)

1. You are just fine the way you are.
당신은 당신 그 자체로도 훌륭하다.

2. fine workmanship
섬세한 솜씨

3. He was fined 100 dollars for a parking fine.
그는 주차 위반으로 100달러의 벌금에 처해졌다.

A. 아래 단어의 뜻을 쓰시오.

1. exertion _____
2. anticipate _____
3. radiate _____
4. undertake _____
5. contradict _____
6. nuclear _____
7. deny _____
8. ascend _____
9. fatal _____
10. margin _____
11. reconcile _____
12. preserve _____
13. fellow _____
14. obstacle _____
15. queer _____
16. wander _____
17. architecture _____
18. discourage _____
19. session _____
20. universe _____
21. achieve _____
22. widespread _____
23. allot _____
24. sole _____
25. union _____
26. bare _____
27. doctrine _____
28. perceive _____
29. research _____
30. incentive _____
31. exaggerate _____
32. wipe _____
33. furnish _____
34. vow _____
35. discipline _____
36. affection _____
37. compare _____
38. marine _____
39. hardship _____
40. civilization _____
41. quote _____
42. transportation _____
43. breeze _____
44. chase _____
45. reverse _____
46. notorious _____
47. patient _____
48. sober _____
49. income _____
50. certificate _____

51. pregnant _____   52. adolescence _____

53. dump _____   54. fasten _____

55. debt _____   56. practical _____

57. bold _____   58. struggle _____

59. colony _____   60. brilliant _____

61. corporation _____   62 intact _____

B. 빈칸에 알맞은 단어를 넣으시오.

1. He _____ a responsible post.
   그는 책임 있는 지위를 떠맡았다.

2. The boy of humble condition _____ to the throne.
   미천한 신분의 소년이 왕위에 올랐다.

3. He kept himself aloof from his _____ students.
   그는 동료 학생들과 어울리지 않았다.

4. The news _____ me.
   나는 그 소식을 듣고 낙담했다.

5. He was the _____ survivor of the plane crash.
   그는 비행기 추락 사고의 유일한 생존자였다.

6. We _____ that the situation was critical.
   우리는 상황이 심각하다는 것을 인식했다.

7. The teacher _____ the heart to a pump.
   선생님은 심장을 펌프에 비유했다.

8. The police _____ after the murderer.
   경찰은 살인범을 추적했다.

9. The _____ had clearly been falsified.
   그 증명서는 분명히 위조된 것이었다.

10. She always _____ all her rubbish in front of our house.
    그녀는 항상 그녀의 쓰레기를 모두 우리 집 앞에다 내버린다.

11. He was a _____ and adventurous explorer.
    그는 대담하고 모험적인 탐험가였다.

■ A·B : 본문참조

47 All that glitters is not gold.

반짝이는 모든 것이 금은 아니다.

continue
[kəntínjuː]
continuous [형] 끊임없는

[동] 계속하다
The desert continued as far as the eye could see.
사막은 끝이 보이지 않게 계속 이어지고 있었다.

---

earthquake
[ə́ːrθkwèik]

[명] 지진
There was a severe earthquake in the city this evening.
오늘 오후 이 도시에 맹렬한 지진이 있었다.

---

bough
[bau]

[명] 큰 가지
The bird settled on a bough.
새가 가지에 앉았다.

---

origin
[ɔ́ːrədʒin, ɑ́rə- / ɔ́ri-]
original [형] 최초의, 독창적인
originally [부] 원래, 독창적으로

[명] 기원
The origins of the custom are unknown.
그 관습의 기원은 알려져 있지 않다.

---

cell
[sel]
cellular [형] 세포로 된

[명] 세포
Every new organism begins as a single cell.
모든 새로운 유기체는 하나의 세포로부터 시작된다.

ruin
[rúːin]

🔢 파멸 🔢 파멸시키다, 망치다
The plan brought about his ruin.
그 계획이 그의 파멸을 초래했다.

---

emphasize
[émfəsàiz]
emphasis 🔢 강조, 역설

🔢 강조하다, 역설하다
Parents emphasize that children should be independent.
부모들은 아이들이 독립심을 가져야 한다고 강조한다.

---

starve
[staːrv]
starvation 🔢 굶주림

🔢 굶주리다, 굶어 죽다
The motherless children starve for affection.
어머니가 없는 아이들은 애정에 굶주려 있다.

---

clinic
[klínik]

🔢 진료소, 개인[전문]병원
The clinic is relying on volunteers.
그 진료소는 자원 봉사자에 의지하고 있다.

---

demand
[dimǽnd, -máːnd]

🔢 요구하다 🔢 요구, 수요
He make a direct demand for money from me.
그는 나에게 돈을 요구했다.

---

meteor
[míːtiər, -tiɔ̀ːr]

🔢 유성
There is a meteor driving toward the earth.
지구를 향해서 돌진해가는 유성이 있다.

---

bribe
[braib]
bribery 🔢 뇌물

🔢 뇌물을 주다 🔢 뇌물
The custom officer denied to accept the bribe.
그 세관원은 뇌물 받기를 거부했다.

---

stoop
[stuːp]

🔢 (몸을)구부리다, 웅크리다
He stooped to pick up the coin.
그는 동전을 집으려고 허리를 굽혔다.

---

column
[kάləm / kɔ́l-]

🔢 (신문의)란, 칼럼, 기둥, 원주
I always read her column in the local paper.
나는 항상 지방 신문에 실리는 그녀의 칼럼을 읽는다.

---

translate
[trænsléit, trænz-]
translation 🔢 번역

🔢 번역하다
I translate English for a part time job.
나는 부업으로 영어를 번역한다.

direction
[dírékʃən, dai-]
direct [동] 지도[지시]하다
directly [부] 똑바로, 직접

[명] 방향, 지도, 지시
The taxi driver mistook the direction.
그 택시 운전사는 방향을 잘못 잡았다.

resume
[rizú:m / -zjú:m]

[동] 다시 시작하다, 계속하다 [명] 이력서
We resumed negotiations with the company.
우리는 그 회사와 협상을 다시 시작했다.

convert
[kənvə́:rt]
conversion [명] 전환, 변환, 개종
convertible [형] 변환할 수 있는

[동] 바꾸다, 전환하다
Plants converts the sun' s energy to food in their leaves.
식물은 태양 에너지를 잎 속에 양분으로 바꾼다.

organization
[ɔ̀:rgənəzéiʃən]
organize [동] 조직하다

[명] 조직, 기구, 단체
The organization was kept down by the government.
그 조직은 정부의 억압을 받았다.

involve
[inválv / -vɔ́lv]
involvement [명] 포함, 관련

[동] 포함하다, 연루시키다
This enterprise involves a lot of risk.
이 사업은 많은 위험을 포함하고 있다.

enthusiastic
[enθú:ziǽstik]
enthusiasm [명] 열중, 열광
enthusiast [명] 열광자

[형] 열광적인
He is enthusiastic about soccer.
그는 그 축구에 열광적이다.

brute
[bru:t]
brutal [형] 짐승 같은

[명] 짐승
The man was a drunken brute.
그 남자는 술 취한 짐승이었다.

alarm
[əlɑ́:rm]

[명] 놀람, 경보 [동] 놀라게 하다
The burglar alarm was activated by mistake.
도난 경보기가 실수로 작동 되었다.

root
[ru:t, rut]

[명] 뿌리, 근원 [명] 정착하다, 뿌리박다
Greed is the root of all evil.
탐욕은 모든 악의 근원이다.

crop
[krɑp / krɔp]

[명] 농작물, 수확
Our crops were washed out by a flood.
우리의 농작물들은 홍수로 떠내려가 버렸다.

extinction
[ikstíŋkʃən]
extinct [형] 멸종된, 꺼진
extinguish [동] 소멸시키다, 불을 끄다

[명] 멸종
We tried to save the plant from extinction.
우리는 그 식물을 멸종에서 구하려 시도했다.

sterile
[stéril / -rail]

[형] 메마른, 불모의, 불임(不姙)의
Desert soil is usually sterile.
사막 토양은 대개 메마르다.

inform
[infɔ́ːrm]
information [명] 정보, 지식

[동] 알리다, 통지하다
We informed them of the incident.
우리는 그들에게 그 사건에 대해 통지했다.

foresee
[fɔːrsíː]
foresight [명] 예측
foreseeable [형] 예견할 수 있는

[동] 예견하다
He foresaw that the job would take a long time.
그는 그 일이 오랜 시간이 걸리리라는 것을 예견했다.

desire
[dizaiər]
desirable [형] 바람직한

[동] 바라다 [명] 욕망, 소망
We all desire happiness and health.
우리는 모두 행복과 건강을 바란다.

contemporary
[kəntémpərèri / -pərəri]

[형] 동시대의, 현대의 [명] 동시대인
He was contemporary with Lincoln.
그는 링컨과 동시대의 인물이었다.

다의어

■ **fire**

1.불 2.발포하다 3. 해고하다

1. Men are putting out the fire.
   남자들이 불을 끄고 있다.
2. The soldiers fired at the fleeing enemy.
   병사들은 도망치는 적에게 발포하였다.
3. He was fired from his job.
   그는 일자리에서 해고되었다.

48

Care killed a cat.
근심이 고양이를 죽인다.

---

arise
[əráiz]

동 일어나다, 발생하다
Accidents arise from carelessness.
사고는 부주의에서 일어난다.

---

process
[práses / próu-]
proceed 동 계속하다, 나아가다

명 과정, 진행　동 처리하다
There are many patterns in the process of man's growth.
사람의 성장 과정에는 여러 가지의 방식이 있다.

---

glory
[glɔ́:ri]
glorify 동 찬미하다
glorious 형 영광스러운

명 영광
No greater glory could be gained than this to me.
나에게 이보다 더 큰 영광은 없을 것이다.

---

ensure
[enʃúər]

동 보장하다, 책임지다
I cannot ensure that he will keep his word.
나는 그가 약속을 지킬 것이라고 보장할 수 없다.

---

recycle
[ri:sáikəl]
recycling 명 재활용

동 재활용하다
We should recycle used things.
우리는 중고품들을 재활용해야 한다.

depict
[dipíkt]
depiction 몡 묘사

동 묘사하다, 서술하다
Her novel depicts the life of urban people.
그녀의 소설은 도시인들의 삶을 묘사한다.

heredity
[hirédəti]
hereditary 혱 유전에 의한, 세습의

몡 유전, 상속
The disease is heredity of the family.
그 질병은 그 집안의 유전이다.

expert
[ékspəːrt]

몡 전문가, 숙련가
His skill is still far from that of an expert.
그의 기술은 전문가로서는 아직 멀었다.

glacier
[gléiʃər, gléisjər]

몡 빙하
The glacier is threatening a small village.
빙하가 작은 마을을 위협하고 있다.

prefer
[prifəːr]
preference 몡 선호

동 더 좋아하다, 선호하다
I prefer biography to fiction.
나는 소설보다 전기를 더 좋아한다.

refresh
[rifréʃ]
refreshing 혱 상쾌한

동 새롭게 하다, 상쾌하게 하다
The shower refreshed the plants.
소나기가 식물들을 새롭게 했다.

pray
[prei]
prayer 몡 기도, 기도하는사람

동 기도[기원]하다
The man is praying in the temple.
남자가 사원 안에서 기도를 하고 있다.

discuss
[diskʌ́s]
discussion 몡 토론, 논의

동 논의하다, 토론하다
I have something personal to discuss with you.
나는 너와 사적으로 논의 할게 있다.

skeptical
[sképtikəl]
skeptically 혱 회의적으로

혱 회의적인, 믿지 않는
We are skeptical about the project.
우리는 그 계획에 회의적이다.

provoke
[prəvóuk]
provocation 몡 화나게 함, 자극

동 화나게 하다, 약 올리다
I was provoked at his impudence.
나는 그의 무례함에 화가 났다.

fiction
[fíkʃən]

[명] 소설, 꾸며낸 일, 허구
Truth is often stranger than fiction.
현실이 때로는 소설보다 더 기이하다.

portable
[pɔ́:rtəbl]

[형] 휴대용의
I have a portable computer.
나에게 휴대용 컴퓨터가 한 대 있다.

cabin
[kǽbin]

[명] 오두막, 선실
He is exploring the abandoned cabin.
그는 그 버려진 오두막을 살펴보고 있다.

auditorium
[ɔ̀:ditɔ́:riəm]

[명] 강당, 청중[관객]석
A great concert will be held in the auditorium.
대형 콘서트가 그 강당에서 개최될 것이다.

pretend
[priténd]
pretense [명] 구실, 핑계

[동] ~인체하다, 가장하다
He pretended he knew nothing about it.
그는 그것에 관해서 전연 모르는 체했다.

cure
[kjuər]

[명] 치료(법) [동] 치료하다
A doctor's business is to cure people of illness.
의사의 일은 아픈 사람들을 치료하는 것이다.

reap
[ri:p]

[동] 수확하다
Farmers reap grains in autumn.
농부들은 가을에 곡식을 수확한다.

shatter
[ʃǽtər]

[동] 산산이 부수다, 박살내다, 파괴하다
The vase hit the floor and shattered.
꽃병이 바닥에 부딪쳐 산산이 부서졌다.

expect
[ikspékt]
expectation [명] 기대, 예상

[동] 기대하다, 예상하다
I expect him to get back at about ten tonight.
나는 그가 오늘 밤 약 10시에 돌아올 거라고 기대한다.

dread
[dred]
dreadful [형] 무서운

[동] 몹시 두려워하다 [명] 공포
She dreaded the ordeal of a visit to the dentist.
그녀는 치과에 가는 시련을 몹시 두려워했다.

shed
[ʃed]

[동] 흘리다, 뿌리다 [명] 헛간
The child wasn't hurt, but she shed crocodile tears anyway. 그 아이는 상처가 나지 않았으나, 거짓 눈물을 흘렸다.

medicine
[médəsən]
medical [형] 의학의

[명] 약, 의학
Good medicine tastes bitter.
좋은 약은 입에 쓰다.

quality
[kwɑ́ləti / kwɔ́l-]
qualify [동] 자격[권한]을 주다

[명] 질(質), 품질, 특성
The quality of the service here improved a lot.
이곳 서비스의 질이 많이 향상되었다.

amaze
[əméiz]
amazement [명] 놀람, 경탄
amazing [형] 놀랄만한

[동] 놀라게 하다
She amazed everyone by passing her driving test.
그녀는 운전면허 시험에 합격하여 모두를 놀라게 했다.

sphere
[sfiər]

[명] 구(球), 영역, 범위
His social sphere is small.
그의 사회적 활동 영역은 좁다.

enormous
[inɔ́ːrməs]

[형] 거대한, 막대한
Archaeologists have unearthed an enormous ancient city built by an unknown people.
고고학자들은 알려진 바 없는 민족이 세운 거대한 고대 도시를 발굴했다.

다의어

■ firm

1.회사, 기업 2. 굳은, 단단한 3.확고한

1. They are partners at the firm.
   그들은 그 회사의 파트너이다.
2. a firm determination
   굳은 결의
3. Her belief in God is firm.
   그녀는 신앙심은 확고하다.

24 Review Test

A. 아래 단어의 뜻을 쓰시오.

1. continue _____
2. earthquake _____
3. bough _____
4. origin _____
5. cell _____
6. ruin _____
7. emphasize _____
8. starve _____
9. clinic _____
10. demand _____
11. meteor _____
12. bribe _____
13. stoop _____
14. column _____
15. translate _____
16. direction _____
17. resume _____
18. convert _____
19. organization _____
20. involve _____
21. enthusiastic _____
22. brute _____
23. alarm _____
24. root _____
25. crop _____
26. extinction _____
27. sterile _____
28. inform _____
29. foresee _____
30. desire _____
31. contemporary _____
32. arise _____
33. process _____
34. glory _____
35. ensure _____
36. recycle _____
37. depict _____
38. heredity _____
39. expert _____
40. glacier _____
41. prefer _____
42. refresh _____
43. pray _____
44. discuss _____
45. skeptical _____
46. provoke _____
47. fiction _____
48. portable _____
49. cabin _____
50. auditorium _____

51. pretend _____	52. cure _____
53. reap _____	54. shatter _____
55. expect _____	56. dread _____
57. shed _____	58. medicine _____
59. quality _____	60. amaze _____
61. sphere _____	62 enormous _____

B. 빈칸에 알맞은 단어를 넣으시오.

1. The desert _____ as far as the eye could see.
   사막은 끝이 보이지 않게 계속 이어지고 있었다.

2. Parents _____ that children should be independent.
   부모들은 아이들이 독립심을 가져야 한다고 강조한다.

3. I always read her _____ in the local paper.
   나는 항상 지방 신문에 실리는 그녀의 칼럼을 읽는다.

4. Plants _____ the sun's energy to food in their leaves.
   식물은 태양 에너지를 잎 속에 양분으로 바꾼다.

5. The burglar _____ was activated by mistake.
   도난 경보기가 실수로 작동 되었다.

6. We _____ them of the incident.
   우리는 그들에게 그 사건에 대해 통지했다.

7. There are many patterns in the _____ of man's growth.
   사람의 성장 과정에는 여러 가지의 방식이 있다.

8. The disease is _____ of the family.
   그 질병은 그 집안의 유전이다.

9. I have a _____ computer.
   나에게 휴대용 컴퓨터가 한 대 있다.

10. I _____ him to get back at about ten tonight.
    나는 그가 오늘 밤 약 10시에 돌아올 거라고 기대한다.

11. The _____ of the service here improved a lot.
    이곳 서비스의 질이 많이 향상되었다.

■ A·B : 본문참조

49

My eyes are bigger than my stomach.
배보다 배꼽이 크다.

dose [dous] dosage 몡 투약, 복용량	몡 (약의) 1 회분 동 **투약하다**, 복용시키다 Take one dose of the medicine at bedtime. 취침 시에 1회분의 약을 드세요.
cooperate [kouápərèit] cooperation 몡 협력, 협조 cooperative 혱 협조적인, 협동의	동 **협력하다** I cooperated with her in doing the work 나는 그 일을 하는 데 그녀와 협력했다.
charity [tʃǽrəti] charitable 혱 자비로운, 자선의	몡 **자비, 자선** We need more sponsors for next week's charity walk. 우리는 다음 주에 있을 자선 걷기 대회에 더 많은 후원자가 필요하다.
praise [preiz]	몡 **칭찬** 동 **칭찬하다** I don't deserve your praise. 나는 당신의 칭찬을 들을 자격이 없다.
immigrate [íməgrèit] immigration 몡 이민, 이주 immigrant 몡 이민자	동 **이민 오다** As a mere child, she immigrated to this country from japan. 어린 아이였을 때, 그녀는 일본에서 이 나라로 이민 왔다.

remedy
[rémədi]
remediable 형 치료할 수 있는

형 치료(법, 약) 동 치료하다

I know a good remedy for toothache.
나는 효과적인 치통 치료법을 알고 있다.

search
[sə:rtʃ]

동 찾다, 수색하다 명 수색, 조사

I am searching for a word in the dictionary.
나는 사전에서 단어를 하나 찾고 있는 중이다.

audience
[ɔ́:diəns]

명 청중, 관객

His speech electrified the audience.
그의 연설은 청중을 감동시켰다.

shortage
[ʃɔ́:rtidʒ]
short 형 부족한

명 부족

At present there is a world energy shortage.
세계는 현재 에너지 부족 상태이다.

precise
[prisáis]
precision 명 정확
precisely 부 정확히

형 정확한, 정밀한

We must set ourselves precise sales targets.
우리는 정확한 판매 목표를 세워야 한다.

compulsory
[kəmpʌ́lsəri]
compulsion 명 강제
compel 동 강제로 시키다

형 강제적인, 의무적인

Attendance at these lectures is compulsory.
이 강의의 참석은 의무적이다.

mercy
[mə́:rsi]
merciful 형 자비로운

명 자비

The judge showed mercy to the young offender.
판사는 젊은 범인에게 자비를 베풀었다.

lunar
[lú:nər]

형 달의, 태음(太陰)의

We could see lunar rock samples in the museum.
우리는 그 박물관에서 달 암석 표본을 볼 수 있었다.

aisle
[ail]

명 통로, 복도

He looked down the aisle through the windshield.
그는 차창을 통해서 통로를 내려다보았다.

constitute
[kánstətjù:t]
constitution 명 구성, 헌법

동 구성하다, 설립하다

Women constitute about 30% of Parliament.
여성이 의회의 30%를 구성한다.

solar
[sóulər]

ⓗ 태양의
Jupiter is the largest planet in our solar system.
목성은 태양계에서 가장 큰 행성이다.

brave
[breiv]
bravery ⓝ 용기, 용감성
bravely ⓐ 용감하게

ⓗ 용감한
We all admire a brave person.
우리는 모두 용감한 사람을 찬양한다.

refuse
[rifjúːz]
refusal ⓝ 거절, 거부

ⓥ 거절하다, 거부하다
The frightened witness refused to testify.
겁에 질린 증인은 증언을 거절했다.

specimen
[spésəmən]

ⓝ 견본, 표본
There were some fine specimens of fossils in the museum.
그 박물관에는 훌륭한 화석 표본이 몇 점 있었다.

oath
[ouθ]

ⓝ 맹세, 서약
I gave evidence under oath.
나는 서약을 하고 증언했다.

pollute
[pəlúːt]
pollution ⓝ 오염, 공해

ⓥ 오염시키다
They can pollute the environment.
그것들은 환경을 오염시킬 수 있다.

anxiety
[æŋzáiəti]
anxious ⓐ 걱정[열망]하는

ⓝ 걱정, 열망
All these anxieties made her look pale.
이러한 걱정들이 그녀의 얼굴을 핼쑥하게 만들었다.

sacred
[séikrid]

ⓗ 신성한
This is an ancient sacred text.
이것은 고대의 신성한 문자이다.

disaster
[dizǽstər]

ⓝ 재난, 재해
They recovered from a disaster.
그들은 재난을 극복했다.

burst
[bəːrst]

ⓥ 폭발하다, 터지다, 갑자기~하다 ⓝ 폭발, 파열
At last he burst with rage.
마침내 그의 노여움이 폭발했다.

solitary
[sálitèri/sɔ́litəri]
solitude 뎽 외로움, 고독

뎽 혼자의, 외로운
They kept him in solitary confinement.
그는 독방에 감금되었다.

specialize
[spéʃəlàiz]
specialty 뎽 전문, 특수성
special 뎽 특별한

통 전문으로 다루다[하다], 전공하다
She specializes in voices for cartoons.
그녀는 만화 캐릭터들의 소리를 전문으로 다룬다.

material
[mətíəriəl]
materialism 뎽 물질주의

뎽 재료, 물질, 자료　뎽 물질의
She mended the pants with cloth of the same material.
그녀는 같은 재료로 그 바지를 고쳤다.

grief
[gri:f]
grieve 통 애도하다

뎽 슬픔, 비탄
No words can express my grief.
무슨 말로도 내 슬픔을 표현할 수 없다.

unify
[júːnəfài]
unification 뎽 통일

통 통일하다
The country was unified in the 18th century.
그 나라는 18세기에 통일되었다.

caution
[kɔ́:ʃən]
cautious 뎽 조심하는

뎽 조심, 주의　통 조심시키다
You should use caution in crossing a busy street.
차량 통행이 잦은 길을 건널 때는 조심해야 한다.

■ fit

1.(옷 등이) 맞다, 어울리다　2.적당한　3.건강한

1. This coat fits you to a nicety.
   이 옷은 너에게 꼭 들어맞는다.

2. A barn is not fit for human habitation.
   헛간은 사람의 주거지로는 적당하지 않다.

3. He is not fit to work.
   그는 일을 할 정도로 건강하지 않다.

A big fish in a little pond.
작은 연못 속의 큰 물고기.

50

---

disturb
[distə́:rb]
disturbance 몡 방해, 혼란

동 **방해하다**, 어지럽히다
I tried to carry on a trade but they disturbed me.
나는 장사를 하려고 노력했지만 그들이 나를 방해했다.

---

folk
[fouk]

몡 **가족**, 사람들   혱 **민속의**, 민간의
Some folks are fishing from the shore.
사람들이 물가에서 낚시를 하고 있다.

---

inherit
[inhérit]
inheritance 몡 상속 재산, 유산

동 **상속하다**, 물려받다
You have inherited your mother's look.
당신은 어머니의 외모를 물려받았군요.

---

oppose
[əpóuz]
opposite 혱 반대의
opposition 몡 반대

동 **반대하다**, 대항하다
I am very much opposed to your plan.
나는 네 계획에 아주 반대한다.

---

locate
[loukéit]
location 혱 위치

동 **위치하다**, 장소를 알아내다, 찾아내다
The house is located about a mile from the shopping
centre. 그 집은 쇼핑센터에서 1마일 떨어진 곳에 위치해 있다.

strife
[straif]

명 투쟁
It was a bitter strife between the two rivals.
그것은 두 경쟁자 간의 처절한 투쟁이었다.

enclose
[enklóuz]
enclosure 명 울타리, 동봉

동 동봉하다, 둘러싸다
A check was enclosed with his letter.
그의 편지에는 수표가 동봉되어 있었다.

continent
[kántənənt]
continental 형 대륙의

명 대륙
Asia is the largest continent in the world.
아시아는 세계에서 가장 큰 대륙이다.

delete
[dilí:t]
deletion 명 삭제, 제거

동 지우다, 삭제하다
The editor deleted the last paragraph from my article.
편집자가 내 글에서 마지막 단락을 삭제했다.

mankind
[mænkáind]

명 인류
It was a great forward for mankind.
그것은 인류를 위한 큰 진전이었다.

strive
[straiv]
strife 명 투쟁, 다툼

동 노력하다, 애쓰다
He always strives to be ahead of others in his class.
그는 학급의 누구에게도 지지 않으려고 항상 노력하고 있다.

ability
[əbíləti]
able 형 ~할 수 있는

명 능력
He has the ability to make people believe.
그는 사람들이 믿도록 하는 능력을 가지고 있다.

heal
[hi:l]

동 치료하다, 고치다
The soldier's wounds were gradually healed up.
병사의 상처는 점차 치료되었다.

numerous
[njú:mərəs]

형 수많은, 다수의
Mosses have small stems and numerous narrow leaves.
이끼는 작은 줄기들과 좁고 수많은 잎을 가지고 있다.

pill
[pil]

명 알약
When you take to the road, don't forget to take this pill with you. 여행을 떠날 때, 이 알약을 가져가는 것을 잊지 마라.

agree
[əgríː]
agreement 몡 동의, 일치

동 **동의하다, 일치하다**
He suggested a hike, and we agreed that.
그는 도보 여행을 제안했고, 우리는 동의했다.

slight
[slait]
slightly 閉 약간, 조금

톙 **약간의, 사소한**
After a slight hesitation, he began to speak.
약간 망설이다가 그는 말하기 시작했다.

define
[difáin]
definition 몡 정의

동 **정의하다**
It is very difficult to define the concept of love.
사랑의 개념을 정의하기는 대단히 어렵다.

rage
[reidʒ]
rageful 톙 격노한

몡 **격노** 동 **격노하다**
She was out of her mind with rage.
그녀는 격노해서 제정신이 아니었다.

bother
[báðər]
bothersome 톙 귀찮은

동 **괴롭히다, 귀찮게 하다**
He won't bother you any longer.
그는 더 이상 너를 괴롭히지 않을 것이다.

loyal
[lɔ́iəl]
loyalty 몡 충성

톙 **충성스러운, 충실한**
I must above all be loyal to my country.
나는 무엇보다도 내 나라에 충성해야 한다.

pleasure
[pléʒər]
please 동 기쁘게 하다
pleasant 톙 즐거운, 유쾌한

몡 **기쁨, 즐거움**
The whole evening was an unalloyed pleasure.
그 날 저녁은 온통 기쁨 그 자체였다.

challenge
[tʃǽlindʒ]
challenging 톙 도전적인

몡 **도전** 동 **도전하다**
New challenge stirred his blood.
새로운 도전으로 그의 피는 끓었다.

belong
[bilɔ́(ː)ŋ]
belonging 몡 소유물, 소지품

동 **속하다**
He belongs to a labor union.
그는 노동조합에 속해있다.

item
[áitəm]

몡 **품목, 상품, 항목**
Heavy items are expensive to transport by air.
무거운 품목을 항공편으로 수송하면 비용이 많이 든다.

outlook
[áutlùk]

[명] 전망, 경치, 예측
The economic outlook is a bit more positive in the world.
세계의 경제 전망이 조금 나아졌다.

sensible
[sénsəbəl]
sensitive [형] 민감한
sensibility [명] 감수성, 민감함

[형] 분별 있는
He is a brave and sensible man.
그는 용감하고 분별 있는 사람이다.

fierce
[fiərs]
fiercely [부] 사납게, 맹렬하게

[형] 사나운, 맹렬한
He seems quite fierce, but actually he has a gentle side.
그는 아주 사나워 보이지만, 실제로는 부드러운 측면도 있다.

tradition
[trədíʃən]
traditional [형] 전통적인

[명] 전통, 관습
This idea is inconsistent with the tradition of our country. 이 사상은 우리나라의 전통과 일치하지 않는다.

cancer
[kǽnsər]

[명] 암
There is a close connection between smoking and lung cancer. 흡연과 폐암 사이에는 밀접한 관련이 있다.

urge
[əːrdʒ]
urgent [형] 긴급한
urgency [명] 긴급

[동] 재촉하다, 촉구하다
I urge you to keep your promise.
나는 당신이 약속을 지키기를 촉구한다.

다의어

■ **fix**

1.고정시키다 2. 수리하다 3. 정하다

1. He fixed the mirror to the wall.
   그는 거울을 벽에 고정시켰다.
2. He's using a tool to fix the door.
   그는 연장을 사용해서 문을 수리하고 있다.
3. We fixed the date for our wedding.
   우리는 결혼식 날짜를 정했다.

25 Review Test

A. 아래 단어의 뜻을 쓰시오.

1. dose _____	2. cooperate _____
3. charity _____	4. praise _____
5. immigrate _____	6. remedy _____
7. search _____	8. audience _____
9. shortage _____	10. precise _____
11. compulsory _____	12. mercy _____
13. lunar _____	14. aisle _____
15. constitute _____	16. solar _____
17. brave _____	18. refuse _____
19. specimen _____	20. oath _____
21. pollute _____	22. anxiety _____
23. sacred _____	24. disaster _____
25. burst _____	26. solitary _____
27. specialize _____	28. material _____
29. grief _____	30. unify _____
31. caution _____	32. disturb _____
33. folk _____	34. inherit _____
35. oppose _____	36. locate _____
37. strife _____	38. enclose _____
39. continent _____	40. delete _____
41. mankind _____	42. strive _____
43. ability _____	44. heal _____
45. numerous _____	46. pill _____
47. agree _____	48. slight _____
49. define _____	50. rage _____

51. bother	_____	52. loyal	_____
53. pleasure	_____	54. challenge	_____
55. belong	_____	56. item	_____
57. outlook	_____	58. sensible	_____
59. fierce	_____	60. tradition	_____
61. cancer	_____	62 urge	_____

B. 빈칸에 알맞은 단어를 넣으시오.

1. We need more sponsors for next week's _____ walk.
   우리는 다음 주에 있을 자선 걷기 대회에 더 많은 후원자가 필요하다.

2. I am _____ for a word in the dictionary.
   나는 사전에서 단어를 하나 찾고 있는 중이다.

3. Attendance at these lectures is _____ .
   이 강의의 참석은 의무적이다.

4. We all admire a _____ person.
   우리는 모두 용감한 사람을 찬양한다.

5. At last he _____ with rage.
   마침내 그의 노여움이 폭발했다.

6. You should use _____ in crossing a busy street.
   차량 통행이 잦은 길을 건널 때는 조심해야 한다.

7. The editor _____ the last paragraph from my article.
   편집자가 내 글에서 마지막 단락을 삭제했다.

8. When you take to the road, don't forget to take this _____ with you.
   여행을 떠날 때, 이 알약을 가져가는 것을 잊지 마라.

9. He won't _____ you any longer.
   그는 더 이상 너를 괴롭히지 않을 것이다.

10. He is a brave and _____ man.
    그는 용감하고 분별 있는 사람이다.

11. I _____ you to keep your promise.
    나는 당신이 약속을 지키기를 촉구한다.

■ A·B : 본문참조

51

Lock the stable door after the horse has been stolen.
소 잃고 외양간 고친다.

---

plot
[plɑt/plɔt]

명 음모, (비밀의) 계획, 줄거리　동 (음모를) 꾀하다
They plotted to overthrow the government.
그들은 정부를 전복시키려는 음모를 꾸몄다.

---

knowledge
[nɑ́lidʒ]
knowledgeable 형 지식이 있는

명 지식
Knowledge enlarges the mind.
지식은 마음을 넓힌다.

---

inflation
[infléiʃən]
inflate 동 부풀리다, 팽창시키다

명 통화팽창, 인플레이션, 물가상승
The cost of living is rising because of inflation.
인플레이션 때문에 물가가 올라가고 있다.

---

laboratory
[lǽbərətɔ̀ːri/ləbɔ́rətəri]

명 실험실, 연구소
She tested her laboratory equipments.
그녀는 실험실 장비를 테스트했다.

---

troop
[truːp]

명 떼, (pl.)군대, 병력
Our troops advanced against the enemy.
우리 군대는 적을 향하여 진격했다.

subscription
[sʌ́bskrípʃən]
subscribe [동] 구독[기부]하다

[명] 예약구독, 기부, 서명
Why did you cancel your magazine subscription?
잡지 구독은 왜 취소했어요?

halt
[hɔːlt]
halting [형] 망설이는, 주저하는

[동] 정지하다 [명] 정지, 휴식
His car came to an abrupt halt.
그의 차가 갑자기 정지했다.

strict
[strikt]
strictly [부] 엄격히

[형] 엄격한, 엄밀한
Parents should be strict with their children.
부모는 자식들에게 엄격해야 한다.

private
[práivit]
privacy [명] 사생활

[형] 개인적인, 사적인, 사유의
He revealed all our private affairs.
그는 우리의 모든 개인적인 일들을 누설했다.

environment
[inváiərənmənt]
environmental [형] 환경의

[명] 환경
The factories are polluting the environment.
저 공장들이 환경을 오염시키고 있다.

torture
[tɔ́ːrtʃər]

[명] 고문, 심한고통 [동] 고문하다
The torture failed to break their spirit.
고문도 그들의 정신을 꺾어 놓지 못했다.

career
[kəríər]

[명] 경력, 이력, 직업
She had a very exciting career.
그 여자는 매우 흥미로운 경력을 가지고 있었다.

idle
[áidl]

[형] 게으른, 한가한 [동] 게으름 피우다, 빈둥거리다
He regrets having been idle in his youth.
그는 젊어서 게을렀던 것을 후회하고 있다.

lack
[læk]

[명] 부족 [동] 부족하다
Lack of oxygen is the cause of the death.
산소 부족이 죽음의 원인이다.

afford
[əfɔ́ːrd]

[동] ~할 여유가 있다
They can't even afford new furniture.
그들은 새 가구를 살 여유조차 없었다.

launch
[lɔːntʃ/lɑːntʃ]

ⓥ 진수시키다, 발사하다, 시작하다
The Navy is to launch a new warship today.
해군은 오늘 새 군함을 진수시킨다.

curious
[kjúəriəs]
curiosity ⓝ 호기심

ⓐ 호기심이 많은
Cats are curious about everything around them.
고양이들은 그들 주위에 있는 모든 것에 호기심이 많다.

trash
[træʃ]

ⓝ 쓰레기, 잡동사니
We should separate the trash before throwing it away.
우리는 버리기 전에 쓰레기를 분리해야 한다.

dictate
[díkteit]
dictation ⓝ 구술, 받아쓰기

ⓥ 구술하다, 받아쓰게 하다, 지시하다
He dictated a letter to his secretary.
그는 비서에게 편지를 받아쓰게 했다.

appetite
[ǽpitàit]
appetizing ⓐ 식욕을 돋우는

ⓝ 식욕
She has completely lost her appetite since the operation.
그녀는 수술 후 식욕을 완전히 잃었다.

tense
[tens]
tension ⓝ 긴장

ⓐ 긴장한, 팽팽한
At first the atmosphere was rather formal and tense.
처음에는 다소 형식적이고 긴장감이 있는 분위기였다.

deprive
[dipráiv]
deprived ⓐ 가난한

ⓥ 빼앗다, 박탈하다
You can't deprive me of my rights.
당신은 내 권리를 빼앗을 수 없다.

alert
[ələ́ːrt]

ⓐ 방심하지 않는, 경계하는, 빈틈없는 ⓝ 경계태세
The soldiers were alert to capture a spy.
병사들은 간첩을 생포하려고 경계하고 있었다.

boredom
[bɔ́ːrdəm]
bore ⓥ 지루하게 하다

ⓝ 지루함, 권태
They tried to alleviate the boredom by singing songs.
그들은 노래를 부르며 지루함을 달랬다.

communicate
[kəmjúːnəkèit]
communication ⓝ 통신, 전달

ⓥ 의사소통하다, 전달하다, 통신하다
We can communicate with our eyes.
우리는 눈으로 의사를 소통 할 수 있다.

sore
[sɔːr]

형 (몸이)아픈, 슬픔에 잠긴
This syrup will soothe your sore throat.
이 물약을 먹으면 목이 덜 아플 거예요.

eternal
[itə́ːrnəl]
eternity 명 영원(성)

형 영원한, 끊임없는
We had our heart set on eternal friendship.
우리는 영원한 우정에 대해 결의했다.

mental
[méntl]
mentality 명 정신력, 심성
mentally 부 정신적으로

형 정신적인, 마음의
He's planning to take a holiday for mental relaxation.
그는 정신적인 휴식을 위해 하루 휴가를 얻을 계획이다.

culture
[kʌ́ltʃər]
cultural 형 문화의

명 문화
This country is at a low level of culture.
이 나라는 문화 수준이 떨어진다.

examine
[igzǽmin]
examination 명 검사, 조사, 시험

동 시험하다, 검사[조사]하다
We examined it with a microscope.
우린 그것을 현미경으로 검사했다.

■ flat

1.평평한 2.단조로운 3.바람이 빠진 4.맛없는, 김빠진

1. The house has a flat roof.
   그 집은 지붕이 평평하다.

2. She spoke in a flat voice.
   그녀는 단조로운 목소리로 말했다.

3. One of the tires is flat.
   타이어 중 한 개가 펑크 났다.

4. The beer has gone flat.
   맥주가 김이 빠졌다.

52

It is dogged that does it.
끈기는 성공의 비결이다.

female [fíːmeil]	뗑 여성, 암컷 뗑 여성의, 암컷의 In most animals, the male is bigger than the female. 대부분의 동물들에 있어서 수컷이 암컷보다 크다.
shrug [ʃrʌg]	뗑 (어깨를) 으쓱하다 He shrugged his shoulders and walked away. 그는 어깨를 으쓱거려 보이고 걸어가 버렸다.
tissue [tíʃuː]	뗑 (생물의)조직, 직물, 화장지 Tissue transplants are used in the treatment of disease. 조직 이식은 질병의 치료에 이용된다.
appropriate [əpróuprièit] appropriately 뗑 적절히, 알맞게	뗑 적절[적당]한 She will tell you in an appropriate time. 그녀는 적당한 시기에 너에게 말할 것이다.
consent [kənsént]	뗑 동의, 승낙 뗑 동의[승낙]하다 Silence sometimes implies consent. 침묵은 때로 동의를 의미한다.

assimilate
[əsíməlèit]
assimilation 몡 동화(작용)

통 동화하다
They rapidly assimilated into the Korean way of life.
그들은 한국의 생활 방식에 빠르게 동화되었다.

physician
[fizíʃən]

몡 내과의사
He is in practice as a physician.
그는 내과의를 개업하고 있다.

infinite
[ínfənit]
infinity 몡 무한대
infinitely 톼 무한히

톙 무한한
This is an invention of infinite value.
이것은 가치가 무한한 발명이다.

pile
[pail]

몡 쌓아올린 더미　통 쌓아올리다
He found the letters amongst a pile of old books.
그는 헌 책 더미 속에서 그 편지들을 찾았다.

freeze
[fri:z]
freezing 몡 몹시 추운

통 얼(리)다, 얼어붙다
The automobile tires froze to the ground.
자동차 타이어가 지면에 얼어붙었다.

oral
[ɔ́:rəl]
orally 톼 입으로, 구두로

톙 입의, 구두의, 구술의
He failed to pass the oral test.
그는 구두시험에 떨어졌다.

finance
[finǽn/fáinæns]
financial 톙 재정상의

톙 재정
The project foundered as a result of lack of finance.
그 기획은 재정부족으로 무산되었다.

cultivate
[kʌ́ltəvèit]
cultivation 몡 경작

통 경작하다, 재배하다
The villagers cultivate mostly corns and beans.
그 마을 사람들은 대부분 옥수수와 콩을 재배한다.

offend
[əfénd]
offensive 톙불쾌한, 공격적인
offense 몡위반

통기분을 상하게 하다, (법을) 위반하다
They were offended by his refusal to attend the party.
그들은 그가 파티에 참석하는 것을 거절해서 기분이 상했다.

mutter
[mʌ́tər]

통 투덜거리다, 중얼거리다　몡 투덜거림
He muttered something to himself.
그는 혼자서 뭐라고 투덜거렸다.

mysterious
[mistíəriəs]
mystery 명 신비, 불가사의
혱 신비한, 불가사의한
There is something mysterious about that castle.
저 성은 어딘지 신비롭다.

voluntary
[váləntèri/vɔ́ləntəri]
volunteer 명 자원봉사자
voluntarily 閉 자발적으로
혱 자발적인
Many voluntary helpers were active in the Olympic Games. 많은 자원 봉사자들이 올림픽 경기에서 활약했다.

funeral
[fjúːnərəl]
명 장례식
A large number of people attended the funeral.
많은 사람이 그 장례식에 참석했다.

influence
[ínfluəns]
influential 혱 영향력 있는
명 영향(력), 세력 동 영향을 미치다
Music has a strong influence on our emotions.
음악은 우리 정서에 강한 영향을 미친다.

crisis
[kráisis]
명 위기, (흥망의) 갈림길, 위독 상태
Our company is facing a financial crisis.
우리 회사는 재정적인 위기에 직면하고 있다.

feather
[féðər]
명 깃털
This book is as light as a feather.
이 책은 깃털처럼 가볍다.

despise
[dispáiz]
despicable 혱 경멸할 만한
동 경멸하다, 멸시하다
She thoroughly despised his job.
그녀는 그의 일을 전적으로 경멸했다.

straighten
[stréitn]
straight 혱 곧은
동 곧게 펴다, 똑바르게 하다
I straighten out the wire with a hammer.
나는 망치로 철사를 곧게 폈다.

passionate
[pǽʃənit]
passion 명 열정
혱 열정적인
She was very passionate about what she was doing.
그녀는 그녀가 하고 있는 것에 대해 매우 열정적이었다.

blush
[blʌʃ]
동 얼굴을 붉히다, 부끄러워하다 명 얼굴을 붉힘
She blushed at my own faults.
그녀는 당황해서 얼굴을 붉혔다.

convey
[kənvéi]
conveyer [명] 운반 장치

[동] 운반[운송]하다, (사상, 감정 따위를) 전하다
This train conveys both passengers and goods.
이 기차는 승객과 화물을 운송한다.

mammal
[mǽməl]

[명] 포유동물
A whale belongs to the mammals.
고래는 포유동물에 속한다.

handicapped
[hǽndikæ̀pt]
handicap [명] 장애, 불리한조건

[형] 장애가 있는
It is cruel to make a fool of a handicapped person.
장애가 있는 사람을 놀리는 것은 잔인한 짓이다.

document
[dɑ́kjəmənt]
documentary [명] 기록물

[명] 문서, 서류
This document is written in a complicated form.
이 서류는 복잡한 양식으로 되어 있다.

secure
[sikjúər]
security [명] 안전

[형] 안정된, 안전한 [동] 안전하게 하다, 확실하게 하다
She is after a secure future.
그녀는 안정된 미래를 추구하고 있다.

vice
[vais]
vicious [형] 악덕한, 악의 있는

[명] 악(덕), 부도덕
Misery and ruin attend vice.
악에는 비참과 파멸이 따른다.

다의어

■ gift

1.선물 2.재능

1. She is pleased with my gift.
그녀는 내 선물을 마음에 들어 한다.
2. He has many outstanding gifts.
그는 많은 뛰어난 재능을 지니고 있다.

A. 아래 단어의 뜻을 쓰시오.

1. plot _____
2. knowledge _____
3. inflation _____
4. laboratory _____
5. troop _____
6. subscription _____
7. halt _____
8. strict _____
9. private _____
10. environment _____
11. torture _____
12. career _____
13. idle _____
14. lack _____
15. afford _____
16. launch _____
17. curious _____
18. trash _____
19. dictate _____
20. appetite _____
21. tense _____
22. deprive _____
23. alert _____
24. boredom _____
25. communicate _____
26. sore _____
27. eternal _____
28. mental _____
29. culture _____
30. examine _____
31. female _____
32. shrug _____
33. tissue _____
34. appropriate _____
35. consent _____
36. assimilate _____
37. physician _____
38. infinite _____
39. pile _____
40. freeze _____
41. oral _____
42. finance _____
43. cultivate _____
44. offend _____
45. mutter _____
46. mysterious _____
47. voluntary _____
48. funeral _____
49. influence _____
50. crisis _____

51. feather   _____

52. despise   _____

53. straighten   _____

54. passionate   _____

55. blush   _____

56. convey   _____

57. mammal   _____

58. handicapped_____

59. document   _____

60. secure   _____

61. vice   _____

B. 빈칸에 알맞은 단어를 넣으시오.

1. _____ enlarges the mind.

   지식은 마음을 넓힌다.

2. Why did you cancel your magazine _____ ?

   잡지 구독은 왜 취소했어요?

3. She had a very exciting _____ .

   그 여자는 매우 흥미로운 경력을 가지고 있었다.

4. We should separate the _____ before throwing it away.

   우리는 버리기 전에 쓰레기를 분리해야 한다.

5. The soldiers were _____ to capture a spy.

   병사들은 간첩을 생포하려고 경계하고 있었다.

6. We _____ it with a microscope.

   우린 그것을 현미경으로 검사했다.

7. They rapidly _____ into the Korean way of life.

   그들은 한국의 생활 방식에 빠르게 동화되었다.

8. Many _____ helpers were active in the Olympic Games.

   많은 자원 봉사자들이 올림픽 경기에서 활약했다.

9. This book is as light as a _____ .

   이 책은 깃털처럼 가볍다.

10. She _____ at my own faults.

    그녀는 당황해서 얼굴을 붉혔다.

11. This_____ is written in a complicated form.

    이 서류는 복잡한 양식으로 되어 있다.

■ A·B : 본문참조

The early bird catches the worm.
일찍 일어나는 새가 벌레를 잡는다.

---

perform
[pərfɔ́ːrm]
performance 몡 공연, 수행

통 **수행하다**, 공연하다, 연기하다
These soldiers are performing their duties with courage.
이 병사들은 용기를 갖고 의무를 수행했다.

---

throne
[θroun]

몡 **왕위**, 왕좌   통 **왕위에 오르다**
Prince Charles is first in line to the British throne.
찰스 황태자는 영국 왕위 계승 서열 제1위이다.

---

pale
[peil]

형 **창백한**, (빛이) 희미한, (빛깔 따위가) 엷은
As soon as he received the letter, he turned pale.
그는 편지를 받자마자 얼굴이 창백해졌다.

---

rush
[rʌʃ]

통 **돌진하다**, 서두르다   몡 **돌진**, 쇄도
An excited mob rushed to the palace.
흥분한 폭도들은 궁전으로 돌진했다.

---

chemistry
[kémistri]
chemical 형 화학의
chemist 몡 화학자

몡 **화학**
Chemistry was my favourite subject at school.
화학은 내가 학교 다닐 때 좋아하던 과목이었다.

infect
[infékt]
infection 몡 전염(병), 감염

동 전염시키다, 감염시키다
They were infected with an unidentified virus.
그들은 미확인 바이러스에 감염되었다.

misery
[mízəri]
miserable 뗭 비참한, 불행한

몡 비참, 불행
Hope sustained him in his misery.
불행 속에서 희망이 그를 떠받쳤다.

kindle
[kíndl]

동 불을 붙이다, 밝게[환하게]하다
The sparks kindled the dry grass.
그 불꽃들이 마른 풀에 불을 붙였다.

fate
[feit]
fatal 뗭 치명적인, 숙명적인

몡 운명
He submitted to the decision of fate.
그는 운명의 결정에 순순히 따랐다.

cause
[kɔːz]

몡 원인, 이유 동 원인이 되다, 일으키다
They'll make a study of the cause of the accident.
그들은 사고의 원인 조사를 할 것이다.

prejudice
[prédʒədis]

몡 편견, 선입관 동 편견을 갖게 하다
I don't have any prejudice against you.
나는 너에게 대한 어떤 편견도 없다.

risk
[risk]

몡 위험, 모험 동 위험을 무릅쓰다
A cautious person watches his step to avoid risk.
주의 깊은 사람은 위험을 피하기 위해 조심한다.

decorate
[dékərèit]
decoration 몡 장식(품)
decorative 뗭 장식적인

동 꾸미다, 장식하다, 훈장을 주다
I decorated my room with balloons.
나는 방을 풍선으로 장식했다.

subside
[səbsáid]
subsidence 몡 침하, 침전

동 가라앉다, 진정되다
Weak foundations caused the house to subside.
약한 지반 때문에 그 집이 가라앉았다.

atmosphere
[ǽtməsfìər]
atmospheric 뗭 분위기의, 대기의

몡 분위기, 대기, (어떤 장소의) 공기
She likes the atmosphere of reading books.
그녀는 독서하는 분위기를 좋아한다.

fatigue
[fətíːg]
fatigued [형] 피로한

[명] 피로 [동] 피로하게 하다
Fruits are good for relief from fatigue.
과일은 피로회복에 좋다.

pour
[pɔːr]

[동] 따르다, ~를 붓다, 쏟다
She is pouring tea from the kettle.
그녀는 주전자에 있는 차를 따르고 있다.

manufacture
[mæ̀njəfǽktʃər]
manufacturer [명] 제조업자[회사]

[명] 제조, 제품 [동] 제조하다
What does your company manufacture?
당신의 회사는 무엇을 제조하나요?

represent
[rèprizént]
representative [형] 대표하는, 표시하는
representation [명] 표시, 표현

[동] 나타내다, 대표하다
The blue lines on the map represent expressways.
지도상의 청색 선은 고속도로를 나타낸다.

scan
[skæn]

[동] 세밀히 살피다, 훑어보다
She scanned the golden ring back and forth.
그녀는 그 금반지를 앞뒤로 세밀히 살펴보았다.

invitation
[ìnvətéiʃən]
invite [동] 초대하다

[명] 초대(장)
We have received an invitation to dinner.
우리는 저녁 식사 초대장을 받았다.

cliff
[klif]

[명] 절벽, 낭떠러지
They lowered him down the cliff on a rope.
그들은 밧줄로 그를 절벽에서 내려오게 했다.

diameter
[daiǽmitər]

[명] 직경, 지름
It is ten centimeters in diameter.
그것은 지름이 10cm 이다.

assert
[əsə́ːrt]
assertion [명] 주장, 단언

[동] 단언하다, 주장하다
She asserted that she was innocent.
그녀는 자신이 죄가 없다고 단언했다.

transmit
[trænsmít]
transmission [명] 전송

[동] 보내다, 전달하다
A microphone is used to transmit sounds.
확성기는 소리를 전달하는데 쓰인다.

humid
[hjúːmid]
humidity [명] 습기, 습도

[형] 습기가 많은, 눅눅한
This city is notorious for its humid weather.
이 도시는 습기 많은 날씨로 악명이 높다.

melt
[melt]

[동] 녹이다, 용해하다
I melted down all the old candles to make one big candle.
나는 오래된 양초를 모아 녹여서 큰 양초를 만들었다.

pity
[píti]
pitiful [형] 가엾은

[명] 불쌍히 여김, 동정
Nobody wants pity from others.
남의 동정을 받고 싶어 할 사람은 없다.

consist
[kənsíst]
consistent [형] 변함없는
consistency [명] 일치, 일관성

[동] 이루어지다, 구성되다, (~에) 있다
Happiness consists in contentment.
행복은 만족으로 이루어진다.

adopt
[ədάpt/ədɔ́pt]
adoption [명] 채택, 양자결연

[동] 채택하다, 양자로 삼다
He adopted a position of neutrality.
그는 중립적인 입장을 채택했다.

emergency
[imə́ːrdʒənsi]

[명] 비상[긴급]사태, 위급한 경우
This door should only be used in an emergency.
이 문은 비상사태 때만 사용해야 한다.

다의어

■ **good**

1.좋은 2.이익 3.선, 미덕

1. Is this kind of food good for you?
이런 종류의 음식이 당신에게 좋은가요?
2. I'm giving you this advice for your own good.
나는 네 자신의 이익을 위해 너에게 이 충고를 하는 거다.
3. the difference between good and evil
선과 악의 차이

54

Let the sleeping dog lie.
잠자는 개를 건드리지 마라.

portion
[pɔ́ːrʃən]

명 부분, 한 조각, 몫
The centre portion of the bridge collapsed.
다리 중간 부분이 내려앉았다.

---

illegal
[ilíːgəl]

형 불법의, 비합법적인
It is illegal to drive while intoxicated.
음주운전은 불법이다.

---

foundation
[faundéiʃən]
found 동 설립하다
founder 명 창설자

명 기초, 설립, 재단
The explosion shook the foundations of the buildings nearby. 그 폭발은 인근 건물들의 기초를 흔들어 놓았다.

---

suburb
[sʌ́bəːrb]

명 교외, 시외
My apartment is located in the suburbs of Chicago.
내 아파트는 사카고의 교외에 위치해 있다.

---

acid
[ǽsid]

형 신, 신맛의 명 산, 산성
Acids bite into metals.
산은 금속을 부식시킨다.

realize
[ríːəlàiz]
realization [명] 이해, 실현

[동] 깨닫다, 실현하다
Suddenly I realized I loved her.
갑자기 나는 내가 그녀를 사랑한다는 것을 깨달았다.

panic
[pǽnik]

[명] 공포, (경제)공황 [동] 공포에 질리다
They ran out in a panic.
그들은 공포에 질려 달려 나갔다.

witness
[wítnis]

[명] 증인, 증언, 목격자 [동] 증언하다, 목격하다
Do you believe the witness's statement?
당신은 그 증인의 진술을 믿어요?

diverse
[divə́ːrs/dáivəːrs]
diversity [명] 다양성

[형] 다양한, (종류, 성격 등이) 다른
Diverse opinions were expressed at the conference.
회의에서 다양한 의견들이 나왔다.

hasty
[héisti]
hasten [동] 서두르다, 재촉하다
haste [명] 급함, 서두름
hastily [부] 성급히

[형] 성급한, 서두르는
She soon regretted her hasty decision to get married.
그녀는 성급한 결혼 결정을 곧 후회했다.

react
[riːǽkt]
reaction [명] 반응, 반동
reactivity [명] 반작용

[동] 반응하다, 작용하다
Cause and effect react upon each other.
원인과 결과는 서로 작용한다.

descendant
[diséndənt]

[명] 자손, 후예
He is the last descendant of the king.
그는 그 왕의 마지막 자손이다.

orphan
[ɔ́ːrfən]

[명] 고아
She has a deep affection for the orphans.
그녀는 고아들에게 깊은 애착을 느끼고 있다.

tyranny
[tírəni]
tyrannical [형] 전제[압제]적인, 포학한
tyrant [명] 폭군, 전제군주

[명] 폭정, 전제 정치
Many innocent people groan under tyranny.
많은 선량한 사람들이 폭정에 신음한다.

delay
[diléi]

[동] 늦추다, 연기하다 [명] 연기, 지체
The departure will be delayed about 30 minutes.
출발이 약 30분간 늦춰질 것이다.

privilege
[prívəlidʒ]

명 특권, 특전   동 특권을 주다
Senior students are usually allowed certain privileges.
상급생들에게는 보통 어떤 특권이 부여된다.

modest
[mádist]
modesty 명 겸손, 정숙
modestly 부 겸손하게

형 겸손한, 알맞은
He was modest about his achievements.
그는 그의 업적에 대해 겸손했다.

leisure
[líːʒər]
leisurely 부 느긋하게

명 틈, 여가   형 한가한
I spent my leisure time with riding a bicycle.
나는 자전거를 타며 여가시간을 보냈다.

courage
[kə́ːridʒ]
courageous 형 용기 있는

명 용기, 배짱
It takes courage to tell the truth.
진실을 말하는 데에는 용기가 필요하다.

unanimous
[juːnǽnəməs]
unanimously 부 만장일치로

형 만장일치의, 이의 없는
He was elected president by a unanimous vote.
그는 만장일치로 의장에 선출되었다.

envy
[énvi]
envious 형 부러워하는

명 부러움, 시기   동 부러워하다, 시기하다
He was in envy of her success.
그는 그녀의 성공이 부러웠다.

traffic
[trǽfik]

명 교통(량), (사람, 차의) 왕래
I was caught in a rush hour traffic jam.
나는 러시아워의 교통 체증에 걸렸다.

trial
[tráiəl]
try 동 시도[노력]하다
trying 형 견디기 어려운

명 시도, 재판, 시련
The trial was adjourned for an indefinite period.
그 재판은 무기한 연기되었다.

pharmacy
[fáːrməsi]
pharmacist 명 약사

명 약국, 약학
Please take this prescription to the pharmacy.
이 처방전을 약국으로 가져가세요.

tool
[tuːl]

명 연장, 도구
He is very handy with tools.
그는 도구를 다루는 손재주가 있다.

barn
[bɑːrn]

[명] 헛간, (농장의)외양간
A barn is not fit for human habitation.
헛간은 사람의 주거지로는 적당하지 않다.

task
[tæsk/tɑːsk]

[명] (부과된)일, 직무, 과제
She charged me with the important task.
그녀는 나에게 중요한 일을 맡겼다.

defense
[diféns/díːfens]
defend [동] 지키다, 방어하다

[명] 방어, 수비
Attack is the best form of defense.
공격이 최선의 방어이다.

recede
[riːsíːd]
recession [명] (경기)후퇴

[동] 멀어지다, 물러나다, 감퇴하다
A plane receded from the ground.
비행기가 땅에서 멀어졌다.

protest
[prətést]

[명] 항의 [동] 항의하다
We cannot but protest against injustice.
우리는 부정에 대해서 항의하지 않을 수 없다.

다의어

■ **grave**

1.무덤 2.엄숙한, 진지한 3. 중대한

1. His grave was covered with the grass.
그의 무덤은 풀로 덮여 있었다.
2. Her look was very grave.
그녀의 표정은 매우 엄숙했다.
3. This could have grave consequences.
이 일이 중대한 결과를 초래할 수도 있다.

A. 아래 단어의 뜻을 쓰시오.

1. perform		2. throne	
3. pale		4. rush	
5. chemistry		6. infect	
7. misery		8. kindle	
9. fate		10. cause	
11. prejudice		12. risk	
13. decorate		14. subside	
15. atmosphere		16. fatigue	
17. pour		18. manufacture	
19. represent		20. scan	
21. invitation		22. cliff	
23. diameter		24. assert	
25. transmit		26. humid	
27. melt		28. pity	
29. consist		30. adopt	
31. emergency		32. portion	
33. illegal		34. foundation	
35. suburb		36. acid	
37. realize		38. panic	
39. witness		40. diverse	
41. hasty		42. react	
43. descendant		44. orphan	
45. tyranny		46. delay	
47. privilege		48. modest	
49. leisure		50. courage	

51. unanimous ＿＿＿＿＿＿＿＿ 52. envy ＿＿＿＿＿＿＿＿

53. traffic ＿＿＿＿＿＿＿＿ 54. trial ＿＿＿＿＿＿＿＿

55. pharmacy ＿＿＿＿＿＿＿＿ 56. tool ＿＿＿＿＿＿＿＿

57. barn ＿＿＿＿＿＿＿＿ 58. task ＿＿＿＿＿＿＿＿

59. defense ＿＿＿＿＿＿＿＿ 60. recede ＿＿＿＿＿＿＿＿

61. protest ＿＿＿＿＿＿＿＿

B. 빈칸에 알맞은 단어를 넣으시오.

1. Prince Charles is first in line to the British ＿＿＿＿＿＿ .
   찰스 황태자는 영국 왕위 계승 서열 제1위이다.

2. The sparks ＿＿＿＿＿＿ the dry grass.
   그 불꽃들이 마른 풀에 불을 붙였다.

3. Weak foundations caused the house to＿＿＿＿＿＿ .
   약한 지반 때문에 그 집이 가라앉았다.

4. We have received an ＿＿＿＿＿＿ to dinner.
   우리는 저녁 식사 초대장을 받았다.

5. I ＿＿＿＿＿＿ down all the old candles to make one big candle.
   나는 오래된 양초를 모아 녹여서 큰 양초를 만들었다.

6. The centre ＿＿＿＿＿＿ of the bridge collapsed.
   다리 중간 부분이 내려앉았다.

7. Do you believe the ＿＿＿＿＿ statement?
   당신은 그 증인의 진술을 믿어요?

8. The departure will be ＿＿＿＿＿＿ about 30 minutes.
   출발이 약 30분간 늦춰질 것이다.

9. He was elected president by a ＿＿＿＿＿＿ vote
   그는 만장일치로 의장에 선출되었다.

10. Please take this prescription to the ＿＿＿＿＿＿ .
    이 처방전을 약국으로 가져가세요.

11. A plane ＿＿＿＿＿＿ from the ground.
    비행기가 땅에서 멀어졌다.

■ A·B : 본문참조

55 Wonder is the beginning of wisdom.
호기심이 지혜의 시작이다.

---

eruption
[irʌ́pʃən]
erupt 통 폭발[분화]하다

명 (화산의)폭발
After the eruption, the city was completely forgotten.
폭발 후에 그 도시는 완전히 잊혀졌다.

---

cite
[sait]
citation 명 인용, 언급

통 인용하다, 언급하다
She cited averse from a poem.
그녀는 어떤 시의 한 구절을 인용했다.

---

budget
[bʌ́dʒit]

명 예산(안), 경비 통 예산을 세우다
I have to spend this vacation on a budget.
나는 한정된 예산으로 이번 휴가를 보내야 한다.

---

election
[ilékʃən]
elect 통 뽑다, 선거하다

명 선거
Will you run in this coming election?
이번 선거에 출마하실 건가요?

---

mortal
[mɔ́ːrtl]
mortality 명 죽을 운명

형 죽을 운명의, 치명적인, 인간의
All human beings are mortal.
모든 인간은 죽을 수밖에 없다.

decade
[dékeid/dəkéid]

몡 10년간, 10개 한 벌[조]
They lived there for a decade.
그들은 십 년간 그 곳에 살았다.

---

barbarian
[bɑːrbɛ́əriən]

몡 야만인, 이교도   휑 야만의, 미개인의
The country was conquered by the barbarians.
그 나라는 야만인들에게 정복당했다.

---

prevail
[privéil]
prevalent 휑 널리 퍼진

동 우세하다, 유행하다
Such ideas prevail these days.
이와 같은 생각들이 요즈음 유행하고 있다.

---

symptom
[símptəm]

몡 증상, 징후
If the symptoms continue or get worse, consult your
doctor. 만약 그 증상이 지속되거나 더 나빠지면 의사와 의논하세요.

---

consume
[kənsúːm]
consumption 몡 소비, 소모
consumer 몡 소비자

동 소비하다, 다 써 버리다
China consumes great quantities of natural resources.
중국은 엄청난 양의 천연자원을 소비한다.

---

banish
[bǽniʃ]

동 추방하다, 내쫓다
She banished me from my own house.
그녀는 나를 내 집에서 내쫓았다.

---

tender
[téndər]

휑 부드러운
Tender meat is easy to chew.
부드러운 고기는 씹기 쉽다.

---

retail
[ríːteil]
retailer 몡 소매상인

몡 소매   동 소매하다   휑 소매의
Retail sales is a cutthroat business.
소매업은 경쟁이 치열한 사업이다.

---

bestow
[bistóu]
bestowal 몡 증여, 선물

동 주다, 수여하다
My mother bestowed a watch on me.
내 어머니는 나에게 시계를 선물로 주셨다.

---

snap
[snǽp]

동 덥석 물다, 찰칵 소리를 내다, 스냅사진을 찍다
The dog made a snap at the meat.
개가 고기를 덥석 물었다.

competent
[competent]
competence 몡 역량, 능력

몡 적임의, 유능한
She is competent to look after young children.
그녀는 어린아이들을 보살피기에 적임이다.

mortgage
[mɔ́ːrgidʒ]

동 저당 잡히다[하다]   몡 저당
The house is mortgaged to the bank.
그 집은 은행에 저당이 잡혀 있다.

punishment
[pʌ́niʃmənt]
punish 동 처벌하다, 벌주다

몡 벌, 처벌, 형벌
I'll accept whatever punishment they give.
나는 그들이 어떠한 처벌을 준다고 해도 받아들일 것이다.

scholar
[skálər]
scholarship 몡 장학금

몡 학자
The scholar has made his mark on literature.
그 학자는 문학에서 명성을 얻었다.

rebel
[rébəl]
rebellion 몡 반란
rebellious 몡 반역하는

동 반역하다, 모반하다   몡 반역자   몡 반역의
He rebelled against my authority.
그는 내 권력에 대항해 반역했다.

narrow
[nǽrou]
narrowly 문 좁게, 간신히

몡 좁은
A narrow road passes among the trees.
나무들 사이로 좁은 길이 나 있다.

equality
[i(ː)kwáləti]
equal 몡 같은, 평등한

몡 동등, 평등
All men are on an equality while they are asleep.
모든 사람은 잠잘 때에만 평등하다.

calamity
[kəlǽməti]
calamitous 몡 재난의, 비참한

몡 재난, 재해
One calamity follows on the heels of another.
한 가지 재난은 또 다른 재난을 몰고 온다.

biography
[baiàgrəfi]

몡 전기, 일대기
Do you prefer biography or fiction?
당신은 전기를 좋아하나요? 아니면 소설을 좋아하나요?

motive
[móutiv]
motivate 동 동기를 부여하다
motivation 몡 동기부여

몡 동기   동 동기가 되다
The motive of the crime will come out at the trial.
그 범죄의 동기는 재판에서 밝혀지게 될 것이다.

distress
[distrés]

명 고통, 고난   동 괴롭히다
He is unfeeling about the distress of his neighbors.
그는 이웃 사람의 고통에 대해 무신경하다.

earn
[əːrn]

동 (돈을)벌다, (명성 등을)획득하다
He earns enough money to support his family.
그는 그의 가족을 부양할 만큼 돈을 번다.

diplomacy
[diplóuməsi]
diplomat 명 외교관
diplomatic 형 외교관계의

명 외교
Skillful diplomacy helped to avert war.
능숙한 외교가 전쟁을 피하는 데 도움이 되었다.

rainfall
[réinfɔːl]

명 강우(량)
The rainfall was considerably below the average.
강우량은 평균보다 상당히 밑돌았다.

exchange
[ikstʃéindʒ]

동 교환하다   명 교환
I exchanged my book for her pen.
나는 내 책과 그녀의 펜을 교환했다.

■ hand

1.손 2.일손 3.솜씨, 수완 4.도움, 거들기 5.건네주다

1. The documents fell into enemy's hands.
   그 문서가 적의 손에 들어갔다.

2. suffer from a shortage of hands
   일손 부족으로 곤란을 겪다

3. a hand for bread
   빵을 만드는 솜씨

4. I gave her a hand with her homework.
   나는 그녀가 숙제하는데 도움을 주었다.

5. She handed it to the boy.
   그녀는 그것을 그 소년에게 건네주었다.

Too much is as bad as too little.
너무 지나친 것은 부족한 것만큼 나쁘다.

testimony
[téstəmóuni]

명 증언, 증거
She gave testimony that the accused man was at home all day. 그녀는 피의자가 온종일 집에 있었다는 증언을 했다.

prospect
[práspekt / prɔ́-]
prospective 형 장래의

명 전망, (장래의) 가망, 예상
To tell the truth, the prospect isn't bright.
사실을 말하면 전망이 밝지가 않다.

diminish
[dimíniʃ]

동 감소하다, 줄(이)다
The country has diminished in population.
그 나라의 인구가 감소했다.

autograph
[ɔ́:təgræf]

명 자필서명, 사인
People asked for her autograph.
사람들은 그녀에게 자필서명을 부탁했다.

patriot
[péitriət/pǽtriət]
patriotism 명 애국심
patriotic 형 애국의

명 애국자
A patriot is a person who loves his country.
애국자는 자기 나라를 사랑하는 사람이다.

compete
[kəmpíːt]
competition 몡 경쟁, 시합

동 경쟁하다
He competed with me for the first prize.
그는 나와 일등상을 위해 경쟁했다.

actual
[ǽktʃuəl]
actually 변 실제로

혱 현실의, 현재의
She doesn't know your actual state.
그녀는 너의 현재 상황을 모른다.

riot
[ráiət]

몡 폭동, 소동   동 폭동[소동]을 일으키다
The blackout caused more rioting in the city.
그 도시에서는 정전으로 더 많은 폭동이 일어났다.

add
[æd]
addition 몡 추가, 덧셈
additional 혱 부가의

동 더하다, 부언하다
He added my name on to his list.
그는 내 이름을 그의 명단에 더했다.

strain
[strein]
strained 혱 긴장한, 부자연한

몡 긴장, 압박, 삠   동 잡아당기다, 긴장시키다
I repeated a mistake under the strain.
나는 긴장해서 실수를 반복했다.

brisk
[brisk]

혱 활발한, 기운찬
She spoke in a brisk tone.
그녀는 활발한 어조로 말했다.

force
[fɔːrs]
forceful 혱 힘 있는

몡 힘, 세력, 영향력   동 강요하다, 억지로 ~시키다
They join forces to move the rock.
그들은 바위를 옮기기 위해서 힘을 합친다.

penalty
[pénəlti]
penalize 동 벌을 주다

몡 형벌, 처벌, 벌금
Committee members protested the penalty as being too severe. 위원들은 그 처벌이 너무 가혹하다고 항의했다.

tremble
[trémbəl]

동 떨다, 흔들리다
He started to tremble and his face turned red.
그는 떨기 시작했고 얼굴은 붉어졌다.

relieve
[rilíːv]
relief 몡 경감, 안심, 구원

동 (고통, 부담 등을) 덜다, 경감하다, 안도케 하다
This medicine will relieve your headache.
이 약이 너의 두통을 덜어 줄 것이다.

flavor
[fléivər]

명 (독특한)맛, 향기, 조미료
This wine enriches the flavor of food.
이 와인은 음식의 맛을 풍요롭게 한다.

active
[ǽktiv]
activity 명 활동

형 활동적인, 적극적인
My grandfather is very active for his age.
할아버지께서는 연세에 비해 무척 활동적이시다.

detect
[ditékt]
detection 명 탐지, 발견
detector 명 탐지기

동 발견하다, 탐지하다
He detected a deficit of several hundred dollars.
그는 몇 백 달러가 부족한 것을 발견했다.

institute
[ínstətʃùːt]
institution 명 (공공)기관, 단체,
제도, 설립

명 협회, 연구소 동 설립하다, 제정하다
The institute publishes research reports quarterly.
이 연구소에서는 매 분기마다 연구 보고서를 발간한다.

steady
[stédi]
steadiness 명 견고, 불변
steadily 부 확실하게, 꾸준히

형 한결같은, 꾸준한, 확고한
He walked in a steady pace.
그는 한결같은 보조로 걸었다.

monotonous
[mənátənəs]
monotony 명 단조로움

형 단조로운, 변화 없는
The scenery here is monotonous.
여기 경치는 단조롭다.

tenant
[ténənt]
tenancy 명 (땅, 집의) 차용(권),
셋집

명 세입자, 소작인, 주민
Tenants who fall behind in their rent risk being evicted.
집세가 늦어지는 세입자들은 쫓겨날 위험이 있다.

profit
[práfit]
profitable 형 유익한, 이익이 되는

명 이익, 수익 동 이익이 되다
Our profits have fallen by 10 percent.
우리의 이익은 10퍼센트 떨어졌다.

ascertain
[æsərtéin]
ascertainment 명 확인, 탐지
ascertainable 형 확인할 수 있는

동 확인하다, 조사하다
The scientist ascertained the water to be polluted.
그 과학자는 물이 오염되어 있다는 것을 확인했다.

court
[kɔːrt]

명 법정, (테니스, 농구 등의)코트, 뜰
The decision of the court will be given tomorrow.
법정의 판결이 내일 선고될 것이다.

mend
[mend]

동 고치다, 수선하다, 개선하다
The man is mending some pants.
남자가 바지를 수선하고 있다.

support
[səpɔ́ːrt]

동 지지하다, 부양하다　형 지지, 부양
To my astonishment he supported me.
놀랍게도 그는 나를 지지했다.

vague
[veig]

형 애매한, 막연한
He was very vague about her plans for the future.
그는 미래 계획에 관해 아주 막연했다.

extravagant
[ikstrǽvəgənt]
extravagance 형 사치, 낭비

형 사치스러운, (돈을) 낭비하는
He indulges himself in extravagant tastes and habits.
그는 사치스러운 취미와 습성에 젖어 있다.

valuable
[vǽljuːəbəl]
value 형 가치
　　 동 평가[소중히]하다
valueless 형 가치 없는, 하찮은

형 가치 있는, 값비싼, 유용한　형 (pl.) 귀중품
Diamonds are valuable because of their rarity.
다이아몬드는 그 희소성 때문에 가치가 있다.

■ hold
다의어

1.잡다, 쥐다 2. 견디다, 지탱하다
3. 개최[거행]하다 4.수용하다 5.계속하다

1. Hold fast to the rope..
   밧줄을 단단히 잡아라.

2. The shelf will not hold much weight.
   그 선반은 너무 무거운 것을 견디지 못한다.

3. The meeting will be held in the community centre.
   그 회의는 지역 문화회관에서 개최된다.

4. This room can hold fifty people.
   이 방은 50명을 수용할 수 있다.

5. How long will this fine weather hold up?
   이 좋은 날씨가 얼마나 계속될까?

28 Review Test

A. 아래 단어의 뜻을 쓰시오.

1. eruption _____
2. cite _____
3. budget _____
4. election _____
5. mortal _____
6. decade _____
7. barbarian _____
8. prevail _____
9. symptom _____
10. consume _____
11. banish _____
12. tender _____
13. retail _____
14. bestow _____
15. snap _____
16. competent _____
17. mortgage _____
18. punishment _____
19. scholar _____
20. rebel _____
21. narrow _____
22. equality _____
23. calamity _____
24. biography _____
25. motive _____
26. distress _____
27. earn _____
28. diplomacy _____
29. rainfall _____
30. exchange _____
31. testimony _____
32. prospect _____
33. diminish _____
34. autograph _____
35. patriot _____
36. compete _____
37. actual _____
38. riot _____
39. add _____
40. strain _____
41. brisk _____
42. force _____
43. penalty _____
44. tremble _____
45. relieve _____
46. flavor _____
47. active _____
48. detect _____
49. institute _____
50. steady _____

51. monotonous _____
52. tenant _____
53. profit _____
54. ascertain _____
55. court _____
56. mend _____
57. support _____
58. vague _____
59. extravagant _____
60. valuable _____

B. 빈칸에 알맞은 단어를 넣으시오.

1. All human beings are _____ .
   모든 인간은 죽을 수밖에 없다.

2. China _____ great quantities of natural resources.
   중국은 엄청난 양의 천연자원을 소비한다.

3. I'll accept whatever _____ they give.
   나는 그들이 어떠한 처벌을 준다고 해도 받아들일 것이다.

4. Do you prefer _____ or fiction?
   당신은 전기를 좋아하나요? 아니면 소설을 좋아하나요?

5. The _____ was considerably below the average.
   강우량은 평균보다 상당히 밑돌았다.

6. He _____ with me for the first prize.
   그는 나와 일등상을 위해 경쟁했다.

7. Committee members protested the _____ as being too severe.
   위원들은 그 처벌이 너무 가혹하다고 항의했다.

8. This medicine will _____ your headache.
   이 약이 너의 두통을 덜어 줄 것이다.

9. The scenery here is _____ .
   여기 경치는 단조롭다.

10. The scientist _____ the water to be polluted.
    그 과학자는 물이 오염되어 있다는 것을 확인했다.

11. He was very _____ about her plans for the future.
    그는 미래 계획에 관해 아주 막연했다.

■ A·B : 본문참조

A

abandon_88
ability_251
abnormal_50
abolish_201
abound_81
abrupt_222
absence_223
absolute_132
absorb_32
abstract_126
absurd_178
abundant_11
abuse_182
accelerate_197
accept_222
access_181
accident_139
accommodate_188
accompany_46
accomplish_190
accordance_187
accumulate_7
accurate_107
accuse_162
accustom_163
achieve_228
acid_270
acknowledge_33
acquaint_216
acquire_21
active_282
actual_281
adapt_186
add_17
add_281
addict_18
adequate_57
adhere_8
adjourn_142
adjust_82

administration_62
admire_207
admit_159
adolescence_232
adopt_269
adore_51
adorn_60
advance_81
advantage_147
adventure_21
adversity_10
advertisement_92
advocate_62
affair_221
affection_230
affirmative_100
afflict_216
afford_257
agent_31
aggressive_200
agony_183
agree_252
agriculture_148
aid_149
aim_28
aircraft_203
aisle_247
alarm_238
alert_258
allot_228
allow_86
allude_141
ally_187
alter_138
alternative_72
altitude_70
amaze_243
ambiguous_68
ambitious_220
amend_152
amount_102

ample_98
amuse_211
analyze_112
ancestor_171
ancient_158
angle_67
animate_77
anniversary_113
announce_38
annoy_72
annual_96
anonymous_8
anthropology_52
anticipate_226
antique_222
anxiety_248
apologize_137
apparent_219
appeal_97
appear_40
appetite_258
applaud_177
appoint_61
appreciate_26
approach_182
appropriate_260
approve_6
approximate_8
architecture_228
ardent_168
area_217
argue_197
arise_240
arithmetic_149
arouse_161
arrange_49
arrest_106
arrogant_202
artificial_147
ascend_227
ascertain_282

ashamed_22
aspect_127
aspire_213
assemble_26
assent_212
assert_268
asset_28
assign_200
assimilate_261
assist_13
associate_146
assure_142
astonish_147
astronaut_63
astronomy_172
athlete_179
atmosphere_267
attach_131
attack_158
attain_23
attempt_52
attend_53
attitude_192
attract_87
attribute_7
audience_247
auditorium_242
author_9
authority_137
autograph_280
available_217
average_128
avoid_169
award_87
aware_189
awful_121
awkward_93

B

ban_137
banish_277

fancy_179
fare_137
fascinate_137
fasten_232
fatal_227
fate_267
fatigue_268
favor_87
feast_208
feat_131
feather_262
fee_140
feeble_110
fellow_227
female_260
feminine_130
fertile_218
festive_201
feudal_41
fever_46
fiber_111
fiction_242
fierce_253
finance_261
flame_178
flatter_119
flavor_282
flaw_99
flexible_107
float_177
flock_42
flood_212
flour_42
flourish_193
flow_43
fluent_51
focus_127
folk_250
forbid_49
force_281
forecast_147

foresee_239
foretell_147
forgive_81
form_82
formal_78
formidable_17
forsake_62
fortitude_187
fortune_88
fossil_57
foster_72
foundation_270
fragile_11
fragment_180
fragrant_57
freeze_261
frequent_70
friction_109
frighten_191
frontier_111
frost_117
frown_171
frustrate_83
fuel_32
function_138
fund_107
fundamental_31
funeral_262
furious_212
furnish_230

geography_166
geometry_118
germ_167
glacier_241
glance_211
glitter_69
global_206
gloomy_76
glory_240
goods_11
government_88
grab_207
graceful_87
gradual_212
graduate_108
grain_48
grand_157
grant_118
gratitude_153
gravitation_98
graze_188
greedy_49
grief_249
grumble_151
guarantee_182
guard_42
guilty_173

height_150
herb_48
heredity_241
heritage_68
hesitate_133
hinder_158
hire_99
hollow_151
holy_37
honesty_32
horizon_207
horrible_76
hospitable_29
hostile_69
household_11
hug_73
huge_196
humanity_93
humble_87
humid_269
humiliate_66
humorous_27
hypothesis_120

replace_59
reply_61
represent_268
reproach_92
reproduce_116
reprove_51
reputation_169
request_70
require_137
rescue_103
research_229
resemble_21
resent_131
reserve_166
residence_73
resign_68
resist_211
resolution_56
resort_72
resource_132
respond_220
responsibility_168
restore_92
restrain_53
restrict_221
result_168
resume_238
retail_277
retain_198
retire_42
retreat_107
reveal_82
revenge_76
revenue_72
reverse_231
revise_197
revival_93
revolve_52
reward_146
ridiculous_41
rigid_199

riot_281
ripe_67
risk_267
roam_167
rob_80
role_108
root_238
rotten_67
routine_223
row_197
royal_91
rude_58
ruin_237
rumor_188
rural_31
rush_266
rusty_211

S

sacred_248
sacrifice_192
sane_111
sanitary_77
satellite_192
satire_37
satisfy_218
savage_91
scan_268
scanty_18
scarce_112
scare_112
scatter_202
scent_168
scheme_167
scholar_278
scold_112
scorn_28
scratch_22
scream_10
sculpture_136
search_247

secure_263
security_79
seed_133
seek_140
seize_210
select_47
selfish_38
semester_42
sensible_253
sentiment_118
separate_58
sequence_67
serene_121
sermon_32
session_228
settle_102
severe_150
sew_196
sewage_193
shabby_28
shade_171
shallow_8
shame_213
shape_162
share_56
shatter_242
shed_243
shelter_166
shift_191
shortage_247
shortcoming_221
shrewd_101
shrink_128
shrug_260
shuttle_106
shy_12
sidewalk_17
sigh_117
sightseeing_20
signal_203
signature_46

significance_42
signify_49
silly_178
simultaneous_143
sincere_17
situation_18
skeptical_241
skim_30
skin_113
slavery_107
slender_182
slight_252
slope_21
sly_183
snap_277
sneer_81
sneeze_86
snore_32
soak_89
soar_62
sob_62
sober_232
society_99
soil_111
solar_248
sole_228
solemn_101
solid_98
solitary_249
solution_190
soothe_161
sore_259
sorrow_113
sort_118
soul_119
source_103
souvenir_157
sovereign_162
span_78
spare_59
sparkle_38